二战名将解读丛书

二战英军十大将帅

二战经典战役编委会 ◎ 编译

中国铁道出版社有限公司
CHINA RAILWAY PUBLISHING HOUSE CO., LTD.

图书在版编目（CIP）数据

二战英军十大将帅 / 二战经典战役编委会编译. — 北京：
中国铁道出版社，2017.1（2022.1重印）
（二战名将解读）
ISBN 978-7-113-22262-8

Ⅰ. ①二… Ⅱ. ①二… Ⅲ. ①第二次世界大战—军事家—
生平事迹—英国 Ⅳ. ①K835.615.2

中国版本图书馆CIP数据核字（2016）第197455号

书　　名：**二战英军十大将帅**
作　　者：二战经典战役编委会

责任编辑：田　军　刘建玮　　　　电　话：（010）51873005
装帧设计：艺海晴空
责任印制：赵星辰

出版发行：中国铁道出版社有限公司（北京市西城区右安门西街8号　邮编100054）
印　　刷：永清县晔盛亚胶印有限公司
版　　次：2017年1月第1版　　2022年1月第2次印刷
开　　本：787mm×1092mm　1/16　印张：18　字数：342千字
书　　号：ISBN 978-7-113-22262-8
定　　价：69.80元

目录 CONTENTS

他是"二战"名将中最耀眼的那颗星，
他是盟军最杰出的指挥官之一，
他足智多谋却又固执己见，
他大胆勇猛却又鲁莽有余，
他信心十足却又自命不凡，
他是一个倾其一生都投入到军旅职业中的战士，
他永远都值得世人尊敬
他是伯纳德·劳·蒙哥马利。

沙漠之鼠

蒙哥马利/1
Bernard Law Montgomery

他是英国温莎王室家庭的出身。
他的军旅生涯可谓一帆风顺，
他42岁便被授予海军中将。
他蔑视日本，
他维护英印关系，
他保全了英国在印度的长远利益
他是路易斯·蒙巴顿。

皇室血统的英雄

蒙巴顿/99
L.Louis Mountbatten

目录 CONTENTS

他是"二战"期间最出色的空军将领，
他是人类历史上最具影响力的空军指挥官之一。
他成功地指挥了世界军事史上最大规模的空战，
他粉碎了希特勒征服英国的企图，
他的空战指挥艺术和他对战斗机和雷达的运用几近完美，
他写就了英国皇家空军历史上最辉煌的一页
他是休·卡斯沃尔·道丁。

捕捉飞鹰的巨手

道 丁/123   Hugh Caswakk Dowding

他出身贵族，
他担任过每一级别指挥职务的正职，
他在两次大战之间的和平年代，还参与过三场战争，
他作战经验丰富
他颇具外交手腕，
他能够在不知不觉中影响别人，
他是哈洛德·亚历山大

近乎不败的战士

亚历山大/143   Harold Alexander

他是北非战场上唯一个在斗智斗力两方面都赢了隆美尔的人，
他是一名反传统的军事改革者和创新者，
他有着深厚军事理论基础和丰富实战经验，
他热衷于打造军队的"机动性"，
他的军事才能连一向自傲的隆美尔也心悦诚服
他是克劳德·约翰·奥金莱克。

智勇元帅

奥金莱克/173 Claude John Auchinleck

他是世界空战史上最具争议的人物之一。
他公开赞成用轰炸机将德国的城市夷为平地，
他也因此被人们称为"轰炸机"和"屠夫"，
他的支持者在伦敦为他树立雕像的同时，
他的反对者却在伦敦和柏林涌上街头举行抗议
他是阿瑟·特拉弗斯·哈里斯。

痴迷轰炸的枭雄

哈里斯/185 Arthur Trayes Harris

目录 CONTENTS

他是第二次世界大战期间最有才华的海军将领之一，
他的战略远见与指挥才能极为杰出，
他被皇家海军的士兵们都亲切地称呼为ABC，
他被盟军的元帅将军们尊称为"地中海的老水手"
他是安德鲁·布朗·坎宁安。

地中海的老水手

坎宁安/213

Andrew Browne Cunningham

他一生中在军队里担任了很多的角色，
他经历了无数的变化，
他始终与战争和军服有着密切的联系，
他军事生涯丰富至极，
他多次指挥盟国空军作战，
他对英国空军的建设起到了极大的推动作用
他是阿瑟·威廉·特德。

英国的天空智将

特　德/231

Arthur William Tedder

他是天才的外交家，
他周旋于各国政治和军事精英之间，
他身材魁伟，有着"巨人"昵称，
他聪明、灵活而机智，
他面对诸如希腊、伊拉克和叙利亚的复杂局势，应付自如，
他被丘吉尔誉为"最好的战术家"
他是亨利·梅特兰·威尔逊。

最好的战术家

威尔逊/247
Henry Maitland Wilson

他是帝国总参谋长兼参谋长委员会主席，
他是"二战"期间英国首相丘吉尔的第一辅臣，
他长期扮演着英军协调者的角色，
他参与制订盟军重大战役计划，
他协调英美之间的战略方针。
他功不可没，却又默默无闻
他是阿兰·弗朗西斯·布鲁克。

胜利背后的低调英雄

布鲁克/267
Alan Francis Brooke

Bernard Law Montgomery

沙漠之鼠

蒙哥马利

他是"二战"名将中最耀眼的那颗星，
他是盟军最杰出的指挥官之一，
他足智多谋却又固执己见，
他大胆勇猛却又鲁莽有余，
他信心十足却又自命不凡，
他是一个倾其一生都投入到军旅职业中的战士，
他永远都值得世人尊敬……
他是伯纳德·劳·蒙哥马利。

No.1 "猴子"少年

1887年11月17日，英国伦敦肯宁敦区圣马克教区的一个牧师家里，一个婴儿呱呱坠地，这个婴儿就是日后大名鼎鼎的伯纳德·劳·蒙哥马利。他的祖父罗伯特爵士，曾是印度战争中的英雄，外祖父却是一位忠厚的长者。他的父母在性格上迥然不同，父亲亨利·蒙哥马利是一位有圣者之风、充满慈爱的主教，而母亲莫德则是一位意志坚强、为人严肃的家庭主妇。这些不同性格的家人，对幼年时期蒙哥马利的成长具有重要影响。其中，母亲对他心理素质的形成影响最大。

1889年秋天，在蒙哥马利不满2岁时，其父亨利·蒙哥马利便率领全家历经7个星期的航行，来到遥远的异乡——澳大利亚的塔斯马尼亚。塔斯马尼亚是澳大利亚南部的一个海岛，蒙哥马利在这里度过了12年艰苦辛酸的童年时光。蒙哥马利在《回忆录》里提到，在这里所忍受的痛苦煎熬，令他终生难忘。少年时期的蒙哥马利是一个令人讨厌的顽皮孩子，为此经常挨打。因为家里孩子很多，每天都吵吵闹闹，蒙哥马利的母亲莫德感到很心烦，于是订下一条家规：不论刮风下雨，还是炎炎烈日，家里所有的人每天下午必须走出户外2小时，以使她不受任何声音的骚扰，安静地休息。对于母亲的家规和专制，其他的孩子都很听话，除了蒙哥马利，他好像总是专门和母亲对着干。蒙哥马利的童年时光大部分是在棍棒和鞭子下度过的，但是母亲如此严格的管教并没有让他收敛，惩罚之后，蒙哥马利仍然我行我素，顽劣依旧。

在塔斯马尼亚的时候，蒙哥马利一直学业不佳。更让父母难堪的是，蒙哥马利对神学丝毫不感兴趣，根本不认真学习。有一次在课堂上散布歪诗，因此还挨了校长的棍子，这让主教夫妇颜面扫地。

∧ 4岁的蒙哥马利。

△ 青年蒙哥马利于圣保罗学习。

1901年11月，由于父亲亨利回英国任职，蒙哥马利一家离开塔斯马尼亚，又回到了伦敦。1902年1月，父母把蒙哥马利送到离家很近的大型公立学校——圣保罗学校，这所学校奉行强制性教育。蒙哥马利起初对此难以忍受，不过很快他就发现，在学校比在家开心多了，因为这里可以摆脱母亲的束缚。实际上，凭借蒙哥马利的能力，应付老师和学校的功课是完全不成问题的，他可以每天轻松地在学校里游荡，只要考试的时候努努力，就可以轻松过关。但蒙哥马利对学习却一点也不上心，而是把主要精力都放在了体育运动上。当时的英国学校中盛行的主要运动有游泳、板球和橄榄球，在澳大利亚生活了10多年的蒙哥马利早已练就了一身高超的游泳本领。第一年，他就成了校游泳队的成员，但对板球和橄榄球，蒙哥马利就一无所知了。在回忆录里蒙哥马利写道："入学后，我猛攻体育运动，只3年多点时间我即成为第15橄榄球队和第11板球队的队长。"在球场上，蒙哥马利在各种比赛中毫不畏惧，充满野性，同学们给他起了个外号——"猴子"，他自己也不讨厌这个称呼，认为是同学们给予他的肯定。在学校的运动场上，蒙哥马利体会到了当领导的感觉，浅显地了解了权威的意义，他暗下决心，以后要当一个有权力的人，绝不做在家里随意受到母亲打骂的人。他要计划自己的人生，不让任何机会在自己的身边溜走。

尽管在体育场上蒙哥马利受到了同学和老师们的肯定，也成为了学校的耀眼人物，但他在学习上却仍没有任何起色。直到快要毕业的1906年，这时的蒙哥马利已经快19岁了，还不是很成熟的他又要面临新的选择了，他想要当一名军人，因此必须要考进桑赫斯特英国皇家军事学院，但是到这所学校要经过严格的考试。此时，校方对蒙哥马利的评语是："该生是个落伍者，如果他想上桑赫斯特皇家军事学院，就必须努力学习才行，以现有的水平是不行的。"这份评语送到了蒙哥马利的父母手中，同时也给蒙哥马利脆弱的心灵一个不小的打击。他真正意识到了，如果继续下去，他是进不了军校的，这是自己人生的一个关键的转折点，必须努力才行。从这以后，蒙哥马利奋力追赶。功夫不负有心人，他终于被桑赫斯特皇家军事学院顺利录取了。

No.2 从　戎

1907年1月，蒙哥马利进入久负盛名的桑赫斯特皇家军事学院学习。这时，他已经接近20岁，可身高只有1.7米，体重才63公斤，与同龄人相比，这显然是过于瘦小了。但蒙哥马利的抱负可不小，在他瘦小的身躯里，一个声音在说："总有一天，这所学校将要因我而名扬天下。"后来的事实证明，这并不是痴人呓语。

在桑赫斯特，蒙哥马利一开始便表现得十分出色。根据学校的惯例，新学员在入

> 蒙哥马利在印度孟买服役时所摄。

学后要接受为期6周的集中训练，并从中挑选出公认的优秀生担任一等兵。这在军校里是一种莫大的荣誉，经这样选拔出来的学生一般被认为是较早地具备了陆军第一流军官基本素质的。蒙哥马利以其优秀的表现成为了这样的幸运儿。在桑赫斯特最初的日子里，由于在学习上投入了大量精力，蒙哥马利在体育方面并没有展现自己的才能，因此招来了一些批评，认为他这个人懒散不爱运动。这让蒙哥马利很是愤愤不平，要知道体育运动才是他真正的拿手好戏。于是，这位"体育明星"又重新回到了运动场。他先是尝试着去玩他以前从未玩过的曲棍球，很快就赢得了"天才"的赞誉。不久，他又入选校橄榄球队。1907年12月，桑赫斯特皇家军事学院橄榄球队与伍尔维奇的皇家军事学院橄榄球队交锋，结果大获全胜，蒙哥马利也因此出尽了风头。

1908年9月，军校毕业的蒙哥马利进入皇家沃里克郡团服役。不过入伍才不久，蒙哥马利便被周围的人视为一怪。一方面，他举止粗鲁，对上级爱理不理；另一方面，他像一个严格的清教徒，不吸烟，不喝酒，风流韵事毫不沾边，这使得大多数人对他敬而远之。但是有一个人例外，那就是团副官麦克唐纳，他给了蒙哥马利许多教导和关怀。从此两人结下了深厚的友情，并且持续终生。

由于驻印英军的薪水较高，因此蒙哥马利一直努力争取去印度服役的机会，甚至专门学习了两门印度土著语言。天遂人愿，不久，团里决定调派蒙哥马利去驻扎在印度西北边疆白沙瓦的第1营。

　　1910年10月，蒙哥马利所在的营换防到了孟买。蒙哥马利这时候已越来越领悟到一个人要想成功，就必须精通本行的业务。但在这个团队里，他得不到什么帮助。孟买炎热、潮湿的气候，使得人们总是懒洋洋的打不起精神来。年老的军官只关心具体事务，他们所知仅限于营的水平，年轻一点的军官多数想的是怎样寻欢作乐。哪个军官如果说正在研究战争，一定会被认为是"老土"。还有，在军官食堂里就餐时，可以海阔天空地瞎侃，但就是不能讨论军事本行。在这种环境里，要想学一点东西，就得完全靠自己了。通过自身的努力，蒙哥马利很快熟悉了营里各个岗位的业务。1912年10月，他甚至还报名参加了陆军通信专业测验。这种测验要求十分苛刻。蒙哥马利做了充分准备，他把1912年版的《陆军通信手册》完全背了下来，在为期5天的有关旗号、灯光信号等测验中成绩名列前茅。

　　蒙哥马利争强好胜的秉性可能永远也不会变。在孟买，蒙哥马利除干好本职工作以外，还兼管营里的体育活动。在他的训练下，该营的足球队名声大振，在整个南印度几无敌手。1910年12月，德国皇储乘战舰到孟买进行为期1周的访问，德英双方交往频繁。为密切关系，双方决定举行一场友谊赛。为不使德国人太丢面子，营副官悄悄告诉蒙哥马利不要把主力全部派上场。蒙哥马利口头上答应了，可到比赛开始时，

▽ 蒙哥马利（后左二）所属的足球队在印度孟买。

他却派出了最强阵容，结果以40∶0的成绩狂胜德国人。事后，营副官责问蒙哥马利为什么不按指示办，他回答说："这是我同德国人的第一次战争，我可不能掉以轻心，让他们讨了好。"

1912年11月，蒙哥马利所在的营结束了在印度驻军的任务，奉调回国。不久，蒙哥马利被任命为该营助理副官。因工作过于轻闲，他索性跑到驻地附近的海特射击学校步兵军官训练班学习射击。结业时，他取得了步枪射击优秀、机枪射击良好的成绩。这一时期，年轻的蒙哥马利开始了对军事理论的探索。勒弗罗伊上尉给了他很大的帮助。勒弗罗伊上尉这一年刚从坎伯利参谋学院毕业，分在1营。蒙哥马利和他一见如故，两人经常在一起探讨如何掌握真正的战争艺术的问题。勒弗罗伊把他对战争和战略的理解向蒙哥马利悉数道出，并指点他如何进一步研究军事理论，使得蒙哥马利在军事学术的殿堂里初窥堂奥。可以说，勒弗罗伊是第一个向蒙哥马利指出在军界前进道路的人，他在蒙哥马利年轻的心中播下了雄心的火种。勒弗罗伊后来在第一次世界大战中阵亡。他的死令蒙哥马利感到十分痛心，他在回忆录里这样写道："他（勒弗罗伊）的死对我本人和军队都是重大损失。"

No.3 在"一战"中成长

1914年第一次世界大战爆发，英国派出远征军赴法国参战。蒙哥马利所在的部队被编入远征军第4师第10旅。26岁的蒙哥马利终于登上了属于自己的舞台，他决心以这场战争来磨砺自己，圆他的英雄之梦。

在伊珀尔战役中，蒙哥马利受了重伤，但同时也因为在战斗中表现英勇，被晋升为战时（准）上尉军衔，并荣获优秀服务勋章。

1915年2月12日，伤愈归来的蒙哥马利被派往驻防曼彻斯特的第112步兵旅，接替原旅参谋长尼克松少校的职务。该旅旅长是著名的爱尔兰团队皇家因尼斯基林团的退役准将麦肯齐。此时的蒙哥马利，不再是对战争一无所知的毛头小伙子了。在住院和休养期间，他仔细地回顾了所参加的战斗，并思考了许多有关这次战争的军事理论问题。最后，他得出一个结论："笔比剑更令敌人害怕。"因此，作为旅参谋长，他决心要好好地把他脑海里的一些想法付诸实践。麦肯齐将军对蒙哥马利非常赏识，对他的工作采取了完全支持的态度，放手让他去干。可是，当1个月后，蒙哥马利工作刚刚有点起色的时候，该旅就被拆散了。好在不久后，该旅又被改成第104旅，编入第35师。8月份，全师部队开拔到索尔兹伯里平原，在那里进行临战训练。蒙哥马利这时已完全恢复了健康，他正在协助麦肯齐将军训练他们手下的那一帮新兵。他要把他们训练成

∧ 19岁的蒙哥马利。

战场上的利剑，所向披靡，攻无不克。

1916年1月，第35师奉命开赴法国，年轻的旅参谋长蒙哥马利再一次返回了血与火的战场。1月30日，第35师乘船抵达法国勒阿弗尔，被编入第11军，受黑格中将指挥。

作为旅参谋长，蒙哥马利的职责是陪同旅长一起到下面各个部（分）队去检查和巡视，然后就发现的问题讨论解决的办法。此外，他每天还要负责提出3份状况报告。蒙哥马利处理这些工作一丝不苟，有条不紊，深得麦肯齐将军器重。蒙哥马利对他这位上级自然也十分尊重。两人相处得很好。但是，麦肯齐将军的一些作法，显然已经过时，不大符合当时的需要，这使得蒙哥马利感到很不适应。因此，他差不多实际上挑起了全旅的工作担子。在给家人的信中，他这样写道："迄今为止，有许多将军应该亲自动手的事，都要我做。"

4月份，陆军部下来一纸调令，决定将麦肯齐将军调离。对于麦肯齐的离去，蒙哥马利既感到难过，又觉得高兴。他希望来个年纪较轻、思想较新的上司，以便对自己有所提高。蒙哥马利的想法实现了，新派来的旅长名叫桑迪兰兹，年仅40岁，是一个新派的军官，他使蒙哥马利真正领悟了旅长的本质，了解了旅下各个兵种在战争中的关系。

1917年来临的时候，蒙哥马利的职务又得到晋升，他被调往第33师任二级参谋，但军衔仍是上尉。这年春季，黑格又组织了一次对德军兴登堡防线的攻势，史称"阿拉斯之战"。这次战役进行得依然十分糟糕，以至于被称作"最艰苦的战争"。33师参加了这次战役，虽然付出了巨大的伤亡，但是劳而无功，仅仅把战线向前推进了1.5公里。不过蒙哥马利的收获却不少，他把全部精力投入到参谋工作中，对师参谋业务了解得滚瓜烂熟。他的才能再次得到上级的赏识，这一年7月，蒙哥马利又一次升职，调任第9军的二级参谋。

新的职务让蒙哥马利感到非常高兴。按照英国陆军的习惯，要想担任军参谋，必须经过参谋学院的培养。由此可以看出蒙哥马利所受到的器重。1917年秋季，英军在伊珀尔地区再度对德军发动攻势。经过9月20日、26日和10月4日3次秋季攻势，取得了喜人的战果。在这期间，蒙哥马利表现极为突出。到了10月底，他再次获得晋升，成为第9军的一级参谋。

1918年，经过战火考验的蒙哥马利用出色的表现证明他已是一个完全成熟的参谋了。在复杂而残酷的环境里，他表现得镇定自若，对形势把握也很准确。7月16日，蒙哥马利晋升为战时（准）中校，调任第47伦敦师的一级参谋。第47师隶属第3军，此时已被编入英军预备队。调任该师，离硝烟弥漫的战场远了些，这使得蒙哥马利有机会整理一下他在这次战争中所积累的经验和教训。这中间，有两个问题给他的印象很深，可以说直接影响了他以后的领导风格和作战特点：一是高级将领与士兵严重地脱离接触。比如蒙哥马利本人，在几年的战争中，就从未见过英军总司令，无论是弗伦奇还是黑格。就连集团军司令，他也仅见过两次。不仅高级将领如此，高级参谋们也大都不与团部军官和部队接触。他们生活舒适，在他们心目中，部队是为参谋部的利益而存在的。而蒙哥马利却认为，参谋部必须为部队服务，一个优秀的参谋军官必须

∨ 第一次世界大战时期，正在作战的英军士兵。

为他的司令官和部队服务，而他自己应该做个无名英雄。二是令人触目惊心的伤亡。在蒙哥马利眼里，除了第2军团的赫伯特·普卢默爵士外，其他"一战"中的所谓"善战将军"，都是一些视人命为草芥的人。道格拉斯·黑格是最典型的代表。

第47师的师长是戈林奇少将，是英军当时资格最老的少将，几乎所有的军长资历都比他浅。只是由于他人缘不佳，一直没能升迁。戈林奇本人是个老单身汉，当他了解

到蒙哥马利也是位单身汉，禁不住对他有所注意。加上蒙哥马利落落寡合的个性、工作狂的作风，使戈林奇在蒙哥马利身上依稀发现了自己的影子。因此，开始刻意栽培他，把全师的行政事务全交由他负责，这给了蒙哥马利充分施展才能的机会。

这时候，德军的攻势已颓，美军正源源不断地开到欧洲战场，德国离最后失败已经不远了。8月份，上级命令第47师加入攻击法比边境的德军的战役。蒙哥马利干练地向全师发出了"进攻作战指示"。到攻击令发起时，蒙哥马利已经向部队发出了7道预备命令。8月22日，第47师奉命夺取快活谷。此战由于部队平时缺乏夜战训练，各分队在进攻中也缺乏协同，结果无功而返。8月24日，第47师再次发起攻势，蒙哥马利吸取前次教训，作了细致的参谋工作和夜战准备工作，结果以极小的代价完成了作战任务。9月份，第47师奉命开往圣波尔。9月30日，该部改隶第5军团第13军，归伯德伍德将军指挥。第二天，又被划拨到黑格中将指挥的第11军帐下。

在这期间，蒙哥马利开始摸索如何改进作战指挥，提高作战效率的问题。其中关键是如何使高级指挥部门迅速获得战斗进展的准确情报，以便高级指挥官根据发展中的战术情况调整他的部署。

蒙哥马利曾经以优异的成绩通过了陆军通信专业测试，凭着他对无线电通信的了解，他设计了一种系统，即向各个先头营指挥所派遣携带无线电设备的军官，通过无线电把讯息传回来。在当时，通信距离较远的器材体积过于庞大，不便携带，蒙哥马利他们只好采用便携器材。但这种器材距离有限，性能也不可靠，经常出故障。不过总的来说效果良好。这一系统成了蒙哥马利以后在第二次世界大战中加以发展的那种通信系统的雏形。蒙哥马利在"二战"中的作法是由他的前线战术指挥所派出乘坐吉普车的联络官小组进行联络。

在第一次世界大战中，蒙哥马利不仅获得了军衔上的不断晋升，更重要的是他获得了丰富的作战经验，从冲锋的排长到一级作战参谋，他真正地亲历了战争，形成了自己的一套作战理念。但是他的本性没有因为军衔的提高而改变，还是经常与士兵在一起，让他们感到自己并不是孤军作战。经历过弹雨纷飞的战场以后，蒙哥马利逐渐变得成熟了。虽然从军这条路依然前途未卜，但伯纳德·蒙哥马利这位年轻的中校却执著并坚定地继续往前走着。

∧ 蒙哥马利与时任英国军需大臣的丘吉尔一同出席了庆祝"一战"结束的游行活动。

No.4 坎伯利学院的岁月

1920年1月，蒙哥马利进入坎伯利参谋学院进修。在这里，他本想接受系统的理论学习，可很快他就失望了：教官们所讲授的大多是过去军事教科书上的陈词滥调，他们没有注意到第一次世界大战给未来战争所指明的新的方向。艾伦·穆尔黑德描写蒙哥马利在参谋学院学习期间的态度时写道："学院派的讲述，对他以及一些曾到过法国的有作战经验的年轻人来说，'全是胡闹'，是完全过时的不现实的东西。特别是蒙哥马利，学校当局把他看成一个好争吵和好辩论的人，'有点布尔什维克的味道'。

他认为自己比教官或其他人都知道得多。训练班为期1年。蒙哥马利和他的同学们是在互相揶揄、讥讽和争论中度过的，最后他们都及格了。"

虽然性格执拗的蒙哥马利对学院的教官感到失望，但是对学院本身还是充满了信心。一年很快就结束了，1920年12月，蒙哥马利和他的同学都顺利毕业了，他被分配到了当时英国最好的几个旅之一——驻爱尔科克的第17旅任旅参谋长。在依依惜别之际，他的同学们给了他这样一句评价："在未来的岁月里，你将是这样品格的人：非正统的，固执的，有创造性的，想象力强的，有时则是刚愎自用的，但永远也不守旧和默认现状。"

坎伯利学院在蒙哥马利的人生中占有很重要的位置，他在这里学习过，也在这里任教过，5年后，表现优异的他又回到了这里。在毕业后的这5年中，蒙哥马利先后在第17旅参加了爱尔兰战争；1922年5月，调任驻普利茅斯港的第3师第8步兵旅任旅参谋长；1923年，调任自卫部队第49师二级参谋；1925年3月，返回老部队皇家沃里克郡团第1营，任a连连长。正是在这个位置上，蒙哥马利经过多年的思考和探索后，大胆实施了酝酿已久的训练改革方案。蒙哥马利认为，战争胜利的最后关头要由步兵来决定。而这些步兵的训练，以及同炮兵、工兵、坦克、飞机等其他技术兵种协同作战的能力，又是其中的关键。为此，他给a连当年的春训制订了一个目标很高的计划，其课目包括：利用地形地物、战地通讯、射击命令、战斗队形、排战术、巡逻侦察、夜间战斗、进攻、退却、防御、陆空协同、野战筑城、坦克支援等。蒙哥马利的训练改革，使他声名大振，a连很快成为营里的模范，不久团长和旅长也有所耳闻。在观看了模拟演习后，他们对蒙哥马利也是大加赞赏。此后，他的名声又传到了其他部队，其他各旅也纷纷前来观摩学习。最后，连陆军部都被惊动了。1925年7月26日，蒙哥马利的军衔终于作了战争结束以来的第一次变动，他被晋升为正式少校。没过几天，又是一纸调令传来，陆军部决定派他去他曾经学习过的坎伯利参谋学院任教，为期3年。接到这项任命，蒙哥马利感到非常高兴，认为这是对他军事生涯的一次肯定。当初他在参谋学院学习时，曾不满意于那里的教学，可现在情况不同了，在最近几年里，一些优秀的陆军军官，如富勒、布鲁克、富兰克林都来到了参谋学院任教。蒙哥马利认为通过和他们共事，可以学到更多的东西，也可为他今后能充满信心地担负更重要的任务打下坚实基础。

1926年1月，蒙哥马利教官走马上任了。在坎伯利，他很快成为最受欢迎的教官。这确实令人惊奇，很难想象一个性格孤僻的人会成为优秀的教师。但事实就是这样，他成了沙盘演习的高手和想象力丰富的战术问题发言人。在讲课中，他常常能用简单明晰的语言来总结复杂的情况。他讲话时，很少看讲稿，两眼总是注视着听众。他具有抓住问题实质的惊人本领，想误解他的意思几乎是不可能的，尽管你可能会不同意

他的观点。

这时期，蒙哥马利同未来的上级、参谋学院的研究室主任艾伦·布鲁克建立了友谊。布鲁克在一次大战中曾获两枚优异服务勋章，是一名炮兵专家，他思维敏锐，头脑灵活，能谋善断，目光远大，使一向自视甚高的蒙哥马利都感到相形见绌。而布鲁克也对蒙哥马利青睐有加，他甚至断定蒙哥马利有担任未来帝国总参谋长的才能，于是常常对他多加提携。他们的友谊对蒙哥马利后来成长为第二次世界大战中最杰出的将帅之一具有非凡的意义。

从1926年当教官开始起，蒙哥马利的声誉便如日东升，越来越高。1928年1月，他荣升为准中校。

No.5 生命中的里程碑

坎伯利参谋学院不仅是蒙哥马利军事生涯的重要一站，而且也使他完成了他生命中最重要的一件事：与贝蒂·卡弗的结合。

虽然贝蒂是个已有两个孩子的寡妇，但蒙哥马利依然把妻子视如至宝，夫妻二人极为恩爱。

参谋学院的3年任期就要到了。这时，蒙哥马利已晋升为准中校，他开始考虑以后的去处问题。经过斟酌，他决定回老部队皇家沃里克郡团第1营，在那儿，他有一些老

∧ 蒙哥马利（前排右三）与坎伯利参谋学院同仁合影。

朋友，工作起来会比较愉快。1929年2月，蒙哥马利回到了沃里克郡团第1营本部连。当年夏天，他被借调到陆军部，担任新版步兵教范编写委员会秘书。新版步兵教范出版后颇受好评，蒙哥马利也因此名声大噪。

编写教范工作结束后，蒙哥马利回到沃里克郡团第1营，并被任命为该营的副营长。半年以后，1931年1月17日，蒙哥马利正式晋升为该营营长，这时离他从桑赫斯特毕业来到这个营已经整整23年了。23年才升到营长，蒙哥马利的仕途进展得显然太慢了。12年前，陆军见习官蒙哥马利来到第1营不久，便调防印度；如今，43岁的蒙哥马利刚刚接掌营长一职，该营又要调防海外，这一次地点是巴勒斯坦。

蒙哥马利到达巴勒斯坦后，发现自己实际上是那个地区的最高军事长官，他不仅要指挥驻在当地的英军，而且还要与驻叙利亚、外约旦和黎巴嫩的军队保持接触和联系。在这里，他第一次体会到担任高层主官的责任与权力，并为此陶醉。从此，他对当参谋再也没兴趣了，在以后几年里，他多次拒绝让他担任高级参谋的职务变动，因为权力比虚名更令他着迷。

1931年底，第1营换防到埃及亚历山大港，受蒂姆·派尔准将领导。1932年1月，蒙哥马利获得晋升，成为准上校。在晋升考核报告中，他的上司伯内特·斯图尔特将军这样写道："伯纳德·劳·蒙哥马利中校富有活力与雄心，是一位非常优秀的教官。他有个性，有学识，对军事问题能把握要点，迅速进入情况。以其才能，实应晋升较高职位。""但是伯纳德必须加强机智、忍耐和审慎等方面的修养。本人对他的才能极为赏识，特作此善意的建议。"斯图尔特将军的批评，显然是比较中肯的。蒙哥马利

17

是这样一种人，如果他认为自己是对的，他会不顾一切地坚持到底；而如果他认为自己错了，又总是非常顺从地接受批评。这一次，应该是后者。蒙哥马利把这份报告抄了下来，保存了40多年之久。

在驻埃英军的一次沙漠战术演习中，蒙哥马利表现得非常出色。在那次演习中，蒙哥马利充任旅长，后来在二次大战中成为他的参谋长的德·甘冈充任旅参谋长，斯图尔特将军和旅长派尔充任裁判。此前，蒙哥马利是一个坚决的夜战反对派，在他编写的新版教范中，就极力反对夜战。但这一次，派尔和德·甘冈都确信"夜战的可能性"，蒙哥马利本人也想一反传统，尝试一下沙漠夜间作战。结果，演习大获成功，在黎明前将"敌军"包围起来，粉碎了演习对手。自此，夜战成了他军事理论的一个重要组成部分。在1939~1945年的战争中，他多次成功地采用了夜战，特别是在北非，他把"隆美尔的月夜"变成了"蒙哥马利的月夜"。

1934年，驻印英军司令部推荐蒙哥马利去设在巴基斯坦的奎达参谋学院任首席教官，并被提升为上校。于是身着上校军服的蒙哥马利，神气地来到了奎达参谋学院，此时的他已经具有丰富的关于士兵和演习的经验，足以支持他热情洋溢地宣讲

作战理论。院长盖伊·威廉斯少将以前没见过蒙哥马利，但从别人的描述中对蒙哥马利有所了解，决定用其所长，让他担任一年级首席教官，主教作战指挥技术和参谋业务。蒙哥马利很快赢得了学生喜爱，授课时，他采用了一种非常独特的方法：先自己看三四分钟笔记，让大家静静地等他，然后才走到讲台侃侃而谈，把一点点真知灼见清晰、流利地传达给学生。这时期，听过他讲课的人，无不称赞他在传授知识和激发学习热情方面的技能。达德利·沃德将军在回忆蒙哥马利的战术课时，说："当时我们都感到，能听到他（蒙哥马利）那样知识渊博的人讲授军人行业中较高层次的学识，是件十分荣幸的事。后来我们个人能在军事能力方面有所发展，全有赖于他的教导和战

∧ 1936年，贝蒂去世前与儿子戴维过的最后一个圣诞节。

术原则。"不仅如此，蒙哥马利这时还表现出了对战略和国际关系问题的关注。1936年，他在一节课中，曾就世界形势说了这样一席话，令沃德永生难忘。他说："一旦希特勒德国已经重新武装好了，并且弄清楚我们还没有做好准备，战争就要爆发。"

蒙哥马利不仅因出色的教学赢得学员好感，他与众不同的举止，也是他深受欢迎的原因。这时期，他常常戴一顶白色的太阳帽，到处晃来晃去。当别人告诉他，说这种帽子已经过时了，他说："哎，帽子是性格的标志，每个人都应该戴特别的帽子。"他的

这一习惯被保留下来，第二次大战中，他常常戴着一顶不同的军帽，这顶帽子上面别了两枚徽章，一枚是英军军徽，另一枚则是坦克兵的徽章，以此显示自己的独特，当然也表明了他对坦克兵的重视。

在奎达的生活对蒙哥马利还有一个重要意义，那就是他用自己的能力帮助了德·甘冈。在埃及使他大出风头的沙漠演习中，德·甘冈是他的参谋长。蒙哥马利对这个年轻人极为赏识，动用自己在坎伯利参谋学院的老关系，帮助德·甘冈在参谋学院里谋得了职位。德·甘冈为此专门写信向他致谢。蒙哥马利在回信中说："对那些不走正道而请求长官为自己谋取职务的人，我是绝不会帮他的，这只会把他毁了……我支持的人，一向不会错。万一错了，是他自己不肯好好干。"德·甘冈后来成为蒙哥马利的参谋长，他俩的合作成为军事史上最成功合作的范例之一。

另外，蒙哥马利的表现，也使他得到陆军部的重视。1937年6月，蒙哥马利在奎达的任职期满，而驻在本土朴茨茅斯的第9步兵旅恰好旅长职位空缺，陆军部于是便任命蒙哥马利就任第9旅旅长，并从接任新职务起，军衔升至准将。这样，他终于实现了成为一名将军的心愿，这是他军人生涯中的一个重要里程碑。

然而幸福的时光仿佛总是走得很快。1937年10月19日，蒙哥马利失去了心爱的妻子贝蒂。贝蒂的死，对蒙哥马利来说，从此好似进入了"心灵的黑夜"。此后，蒙哥马利除了军事以外，似乎对其他事情都不感兴趣，他把全部的时间和精力，投入到军事训练工作中。这样，蒙哥马利永远告别了情场，他两眼紧盯着的只是硝烟弥漫的战场。

No.6 大撤退，敦刻尔克

1938年3月，纳粹德国违反《凡尔赛和约》中有关禁止德奥合并的条款，悍然以武力侵占了捷克斯洛伐克。欧洲的上空已出现了一团乌云。至1938年10月，蒙哥马利因在第9旅出色的指挥管理、训练演习和完成任务再获晋升，成为陆军少将；同时，他接到了一项艰巨任务——奉命接管英军在巴勒斯坦北部的军事指挥，并将当地许多分散的部队归拢组建成第8师。几个月后，即1939年春天，蒙哥马利成功地控制了当地的混乱局面，令巴勒斯坦度过了危险局势。然而，此

∨ 1938年11月18日，英国战争大臣在蒙哥马利的陪同下视察防御工事。

23

<　　与手下将领一起共
进午餐的蒙哥马利。
>　蒙哥马利与布鲁克。
（右页图）

时的欧洲已战云密布，大有山雨欲来之势。经过了大战前一番激烈的人事任命风波，最终，在蒙哥马利的老上级南方军区司令韦维尔的极力推荐和蒙哥马利自己不懈的努力下，1939年8月，蒙哥马利如愿正式接任全英国最优秀的师之一、"一战"时闻名的"钢铁师"第3师的师长职务。

第3师这时被编入第2军，军长是布鲁克。该军将和约翰·迪尔爵士指挥的第1军作为英军的第1梯队，集结在法国。这期间，根据陆军部的指令，第3师连续举行了通讯演习、司令部机关演习、师前进指挥所与师情报演习。9月29日这天，第3师乘火车赶到南开普敦，在那里登船，于当日午夜起航驶往法国。

英国对这场新的大战准备是十分仓促的。"一战"以后，英国国内和平主义思潮泛滥，加上连续的经济危机，使英国国力衰退。历届英国政府对加强军备的必要性都缺乏认识，甚至还断定"十年无大战"。1932年，英国政府开始讨论重整军备问题，可直到1938年这一问题还在政客们的伶牙俐齿之间翻来覆去。在英国对德宣战后，陆军出现了不可思议的变动，陆军部里最重要的3名将领被同时调往远征军。原帝国参谋总长戈特勋爵调任英国远征军总司令，原作战与情报长官波纳尔少将和地方部队长官布朗里格少将分别调任远征军正副参谋长。蒙哥马利认为，任命戈特为英国远征军司令是一个错误，因为这项工作超过了他的能力。

在前线，戈特把他的总司令部设在哈伯克附近，各下属部门的司令部分别设在面积达130平方公里的13个村庄里。这种分散设置的系统，对于通讯联络来说十分不便，有时想要知道某人在哪里，或想下达命令非常困难。更糟糕的是，从宣战开始，法国盟友就要求无线电静默，而英军多数报务员几乎没有操作实践，至于高功率的无线

＞敦刻尔克到处是被德军炸毁的大炮和炸死的法军士兵。

电接收机，更是从未碰过。结果可想而知，远征军内部通讯很差劲，对外通讯几乎没有。指挥系统的过于分散，加上戈特对部队后勤和行政工作缺乏关注，都是导致二战一开始远征军失败的原因。

与英国远征军这种一团糟的情况相反，德军不仅装备先进、训练有素，而且有着一个非常健全的、高效的指挥体系。对此，蒙哥马利常常耸耸肩，无可奈何地说："不是德国人高我们一等，而是他们的战争机器比我们更有效。"

1940年5月10日，静悄悄的西线不再安静。这一天凌晨3点，德军在西线大举进攻，锋头直指荷兰、卢森堡和比利时。其势如下山猛虎，所向披靡。第3师奉命出击。正如蒙哥马利所预料的，他的师需要向西疾进至迪尔河一线。冬季的实地训练，使第3师这次非常圆满地完成了这一任务。5月10日夜，当第3师赶到预定地卢万古城时，发现比利时第10师仍在据守他们的防线。于是，蒙哥马利立刻面见了比利时将军，要求接管他们的防线。该将军拒绝了，称他并未收到此项命令，而且还说，只有比利时军队才能驻守这座古城。

德国人正在逼近，前面败退下来的比利时军队正不断地向迪尔一线涌入，蒙哥马利决定把他的师撤到比利时师后面，作为预备队，然后，继续做比利时人的工作，以便使比利时人撤走时第3师能进驻这一地区。为满足比利时人的自尊心，蒙哥马利说："将军，第3师将毫无保留地接受您的指挥。我建议由它来加强您的防线。"这样一说果然有效，第3师顺利地进驻了防线。第二天，当布鲁克赶来，准备同比利时国王协商英军进驻比利时防线事宜时，发现蒙哥马利已经把这一切办妥了。这使布鲁克对他这位老朋友的才能越发赞赏，他说："这一插曲突出地表现了蒙哥马利的才能。我们的军队必须做出某种安排，因为德军在任何时候都可能到来，而他确实找到了解决问题的办法。"

5月15日这一天，第3师对已攻入卢万火车站的德军连续发起反击，终于把德军又逐出了卢万。在这次反击中，近卫掷弹兵团和皇家北爱尔兰步兵团表现尤为出色。第3师宛如磐石，任波涛汹涌，岿然不动。只是由于南翼侧面友军后撤，第3师才不得不于16日下午撤退。当第3师后撤时，其他远征军部队已经撤出了很远。5月18日，第1军出现行动缓慢的迹象，这主要是由于军长迪尔将军年龄太大、精力不济造成的。为了减轻他的负担，布鲁克从第1军里接管了第1师。该师师长是哈罗德·亚历山大少将。这样，后来在北非击败德国非洲军团的"三驾马车"（帝国总参谋长布鲁克、中东总司令亚历山大和第8集团军司令蒙哥马利）就在当时那样一种几乎无望的局势中结合到了一起。他们的"梦幻组合"，使眼前这支败军得以全身而退，为英国留下了打败德国的种子。

面对日益恶化的战局，戈特开始考虑怎样使远征军避免被全歼的危险。5月19日的远征军司令部会议上，讨论了英国远征军撤回本土的应变计划，认为敦刻尔克比较适合组织环形防御，该地的港口，可以帮助撤退英军的人员以及一部分补给品和装备。讨论这个问题为时并不过早。德军主力自从在阿登山区突破以后，一路势如破竹，此时，其第1装甲师已进抵亚眠，第2装甲师进抵阿布维尔，其余德军则向东北面的蒙特勒和埃塔普勒疾速推进。靠近英吉利海峡的海岸此时也为德军所控制。英国远征军实际上被包围了。

5月30日下午，戈特在敦刻尔克海滩前线指挥部，召开了最后一次会议。第1军新任军长巴克和第2军新任军长蒙哥马利参加了这次会议。在会上，戈特制订了撤退计划，他命令蒙哥马利率第2军于5月31日首先撤退，第1军担任掩护。他告诉巴克，在最后不得已时，可以率部向德军投降。

蒙哥马利不满意于这样的安排，他决定干涉远征军司令的指挥。于是会后他单独面见戈特，直言巴克难当大任，并推荐了巴克手下的第1师师长亚历山大。

戈特虽然不是个雄才大略的统帅，但却是个头脑清醒并且务实的将领，对蒙哥马利的干预，他没有责备。对远征军命运的关注使他没有不切实际的自尊，他采纳了蒙哥马利的建议。当晚，巴克离开了第1军，启程回国；亚历山大正式接管第1军。

这时，德军离他们已经越来越近了。蒙哥马利在第2军召开的指挥官会议上，作出了5月31日撤退的部署。这时，几颗德国炮弹居然在他们开会的房子周围爆炸了，第2军在海滩上搭建的一些临时码头也全部被毁，情况实在不妙。到正式撤退时，他们已不得不沿海岸步行赶到敦刻尔克港口，蒙哥马利也不例外，这情形显得有些狼狈。6月1日，第2军顺利完成了撤退任务。

亚历山大的表现没有让人失望。在第2军撤退完毕后，他有条不紊地指挥第1军一边脱离与德军的接触，一边撤退。结果就像他自己所表示的，第1军也全部撤回了英国。亚历山大本人一直坚持到最后，直至查明没有留下一兵一卒时，才登上一艘驱逐舰返回英国。

敦刻尔克撤退，是战争史上的一个奇迹——大约30多万陷入绝境的联军安全撤回英国本土，只是所有的重型装备被留在了海滩上。

英吉利海峡波涛汹涌，在蒙哥马利心中，也澎湃着同样的波涛。望着碧波大海，他对自己说："我起誓，要不了多久，我还会打回来的。"

4年以后，他果然回来了。

No.7 "鼠" "狐" 初会

地中海北非地区是英国传统战略利益之所在，在那个地区指挥作战的都是英国军队中最出色的将领。北非战端初开时，是韦维尔坐镇该处。他领着为数不多的军队，迎战意大利一支人数众多的大军，大获全胜，差一点把意大利完全逐出北非。接着，有"沙漠之狐"美誉的隆美尔进行反击，又把英军赶了回来。奥金莱克接替韦维尔担任中东总司令以后，英国政府给他提供了大量物资和装备，使他在坦克、大炮、飞机、补给品等方面对德意非洲军团构成了优势。依靠这些装备，奥金莱克把在这一地区作战的部队改编成了第8集团军，使之成为一支沙漠劲旅，但在取得了一些小的战术胜利后，终于还是不敌"沙漠之狐"的进攻，节节败退。

至1942年夏季，北非英军的处境已岌岌可危。5月26日，隆美尔发动了代号为"泰西"的进攻战役。至6月中旬，英军据守的贾扎拉防线被突破，接着，托卜鲁克要塞也在一天之内被德军攻占。第8集团军在隆美尔的打击下，损兵折将，一败涂地，几乎溃不成军。奥金莱克一见大事不妙，立即飞赴战场亲自指挥，自兼第8集团军司令，并把精锐的新西兰师投入战场，暂时挡住了非洲兵团的前进，在阿拉曼组成了一道新的防线。针对非洲兵团推进过快、战线过长的弱点，奥金莱克还成功地组织了一次反击，这后来被称为"第一次阿拉曼战役"。此战役虽取得了胜利，但并未扭转英军在北非的劣势。

8月8日，经过一波三折的人事任命后，蒙哥马利终于出场了，他被委任驻北非的第8集团军司令，接替奥金莱克。为了这一天，蒙哥马利已磨剑两载，该是他试试剑锋的时候了。在这两年里，蒙哥马利先后担任过第5军军长、第12军军长、东南军区司令，并已于1941年晋升了中将。

8月12日，蒙哥马利乘机抵达开罗，与奥金莱克进行了工作交接，并拜见了他的上司亚历山大。在得到亚历山大的许可后，一个大刀阔斧的改革方案在蒙哥马利的心中已然形成。13日上午，蒙哥马利到达第8集团军司令部，比正式计划提前两天

接管了第8集团军；下午又马不停蹄地视察了第13军和澳大利亚第9师；傍晚，蒙哥马利回到司令部，不知疲倦的他立刻召开了司令部全体参谋人员会议。在这次会议上，蒙哥马利宣布，从此以后，第8集团军必须坚守住目前的阿拉曼和鲁瓦伊萨特山脊的阵地，因为这是保卫埃及和开罗的最后一道防线，所以在任何情况下都不得后撤。他告诉指挥官们，美国已有两个师的援军抵达开罗，亚历山大将军已经同意马上把这两个师调给他，以加强第8集团军的力量。除此以外，还有一支新的装甲部队第10军，正在组建之中；目前的任务是坚守阵地，等到一切准备就绪，英军将转入反攻，把隆美尔的军队彻底打垮。接着，他宣布将采用和以前完全不同的指挥方式：他任命德·甘冈为他的参谋长，申明今后全军必须贯彻参谋长发布的命令，德·甘冈有权管理整个司令部。各军的高级指挥官有事可以直接来找蒙哥马利汇报，他也将不时召见他们，但每次汇报问题的时间不得超过10分钟；汇报时不谈具体的细节问题，所有细节将由参谋长来处理。他作为集团军的司令，将摆脱一切琐碎的事务，而集中全力去考虑整个战局。他取消了以往那种用书面传达命令的方式，而代之以口头传达的方式。必不可少的书面记录，则由参谋长来处理。今后作战时，总的作战计划将由蒙哥马利亲自制订。作战之前，所有的将士们都将彻底了解计划的内容，可是具体的作战细节则由各军自己决定，他们有权在符合总的作战计划的前提下，采取自己认为合适的行动，不过他们必须取得成功。蒙哥马利又指出，司令部的军官们，没有必要在露天工作和睡眠，把生活搞得如此不舒服，令人精神不振。他决定把司令部搬到海边去，那里条件较好，有利于提高工作效率和保持高昂的士气。蒙哥马利最后强调，全体将士必须记住的最主要之点，就是今后英军不再后撤，将坚决顶住敌人，并将彻底消灭隆美尔的军队。

多数军官虽然是第一次见到蒙哥马利，但很快就感到他和以前司令官的不同。随着蒙哥马利的娓娓道来，他们突然觉得前途不再渺茫和无所适从了，他们认识到了脚下这块阵地的战略价值，感到全世界的目光在注视着他们。蒙哥马利的讲话，在他们心里播下了信心的种子。

接管第8集团军后，蒙哥马利给自己确定了4项紧急任务：一是在集团军内树立他的形象并恢复全体官兵对集团军本身及其高级军官的信任，这项工作实际上前一天已经开始了；二是审查指挥机构并砍掉那些被他诊断为"朽木"的人；三是建立一个与他性格和作战理论相适应的指挥系统；四是对付隆美尔，争取在最近的一次战斗中打败他。

蒙哥马利认为选用指挥官是件重大的事，为此，他把将近三分之一的工作时间用在人员考虑上，以判定下属究竟是"朽木"，还是可堪大任者。对于"朽木"，他运用铁腕毫不留情地进行处理。结果，原参谋长多尔曼·史密斯被撤职，原代理司令、第30军军长拉姆斯登被撤职，第7装甲师师长以及炮兵指挥官等都被他相继拉下马来，而代之以一些年富力强的将领。他从英国调来奥利弗·利斯接管第30军，调霍罗克斯去第13军，调柯克曼任炮兵指挥。他本来还打算调登普西任新装甲军的军长，但被亚历山大劝阻了。亚历山大虽然放手让蒙哥马利进行人事改组，但认为像这样彻底大换血未免震动过大，他对蒙哥马利说："蒙蒂，你不认为一下子调来三个新军长，有些过分

∨ 第30军军长利斯、装甲军军长拉姆斯登、蒙哥马利、第13军军长霍罗克斯的合影。

了吗？"这样，蒙哥马利才放弃了更大的变更，让拉姆斯登任装甲军军长。蒙哥马利的这种清洗，并非毫无依据。事实证明，他所提拔的将领最后都成为英国为之骄傲的优秀将领，他的参谋机构在二战期间，是任何一个其他集团军都无法与之媲美的。

蒙哥马利给第8集团军下的这剂重药，产生了有益的疗效。著名的侦察英雄佩尼亚科夫中校对此是这样评论的："我认为，一个有勇气把一些准将从集团军的参谋机构里解职的将军，一个知道怎样在军士长的心中激发起热烈的献身精神的将军，是不难打败隆美尔的，或者说，是不难赢得胜利的。"

与此同时，蒙哥马利把集团军司令部搬到了海边，那里离沙漠空军司令部较近，可以进行密切的联系。在司令部内部，他又进行了一项革新，设立了一个"作战司令部"，蒙哥马利主要依靠它进行指挥。其他繁琐事务都被留在"主司令部"，那是德·甘冈的职责。此外，他把帐篷发给了军官，使他们免去了露天睡眠就餐之苦。他认为，指挥官和参谋人员应该享有适当的特殊待遇，哪怕只是为了工作效率的缘故。

振奋士气的最佳办法就是在战斗中取得胜利。蒙哥马利迫切需要打一仗，一个漂亮的胜仗，从而在他决定发动大规模攻势以前，恢复官兵们对高级指挥官的信心，以高昂的士气投入未来的战斗。但在目前，蒙哥马利认为时机还未成熟到他能够主动出击的地步，唯一期望的是隆美尔发动进攻，他来反击。蒙哥马利的情报人员肯定隆美尔可能的进攻将在南侧，而后向左迂回，调动装甲部队攻向阿拉姆哈勒法和鲁瓦伊萨特山地。蒙哥马利同意这一看法。以这个预测为基础，蒙哥马利和德·甘冈一同制订了作战计划。他笑着对德·甘冈说："我要给隆美尔这只狐狸布置一个陷阱。"

英军阵线上有三处关键地点：一是北面沿海的阵地；二是中间的鲁瓦伊萨特山脊；三是南面的阿拉姆哈勒法山脊。根据隆美尔将在南面进攻的判断，蒙哥马利决定在北面和中间坚决地守住阵地，迫使隆美尔去进攻阿拉姆哈勒法。南面英军在敌军进攻面前，要故意后撤，留出一个缺口来，缺口地带要预布雷场。同时，第7装甲师将边打边退，诱使隆美尔的坦克部队进行追击。一旦德军的坦克进入阿拉姆哈勒法，埋伏在那里的英军第44师，将以猛烈的炮火向陷入雷区的德军装甲师进行反击。

蒙哥马利料定隆美尔不敢绕过阿拉姆哈勒法的英军防线，直接向开罗进军，否则的话，将会有400辆坦克打他的尾部。对隆美尔来说，只有先拿下阿拉姆哈勒法山脊，才能解除后顾之忧。同时，蒙哥马利又决定，在北线和中线的守军，不得向撤退的敌军进行追击。另外，他还下令第7装甲师和第44师应在阿拉姆哈勒法山脊的防御战中，尽可能保持自己的战斗力，以便今后参加更重要的战役。这时候，蒙哥马利的头脑中已经在酝酿下一次战役了，那将是一次决定性战役。现在，陷阱已经布好了，只要隆美尔发动进攻，不管他朝哪个方向运动，都将被困住。当他被困时，英国沙漠空军的飞机将以密集队形对其进行轮番攻击，投下隆美尔所说的"地毯式炸弹"。一切就要

> 藏身于一辆废弃的德军坦克后的英军士兵，寻找时机发动进攻。

∧ 行进中的德军装甲部队。

看隆美尔的了，如果他不进攻，便无法成全蒙哥马利。可隆美尔会进攻吗？

　　根据当时战场的情况来看，隆美尔此时最明智的方针是实施"兴登堡路线"式的撤退，即向西撤退到某个适当的防御阵地上，以缩短因战线过长而显得危险的交通线，更加靠近自己的基地。隆美尔是位运动战大师，他可不喜欢蒙哥马利这样的对手，他认为蒙哥马利的那一套是"机械化的静态战"。他也注意到英军部署正在发生变化。如果他有计划地安排一次撤退，将会使蒙哥马利的所有努力化为泡影。最有说服力的是他的人员和物资都十分短缺：他的各个师共缺员16,000人，运输工具有85%是毁坏残缺的战利品；他的战斗装备比编制规定的少210辆坦克和175辆装甲运兵车；他的弹药、燃料和口粮也难以为继。简而言之，撤退是隆美尔的最好战略。

　　隆美尔当然知道撤退是上上之策，可是他的处境决定了他实际上不可能撤退。希特勒实际上已经让隆美尔断绝了撤退的念头。另外，从非洲战场与苏德战场的战略协同来说，隆美尔也不能撤退。苏德战场上的德军正在高加索方向发动大规模攻势，并且看起来还顺利，如果隆美尔在非洲能够向东继续推进的话，两支德军就有可能合力向中东和印度洋方向挺进。这一切，使蒙哥马利料定了隆美尔不会撤退。

　　蒙哥马利的运气似乎特别地好。他的对手隆美尔不仅已经决定发动进攻，而且这支"沙漠之狐"已经病了，他的嗅觉和判断力已没有以前那么敏锐。他患有严重的胃溃疡和鼻病，血液循环也不好。他的医务顾问认为他的身体已不适宜再担任指挥，隆美尔本人也建议把古德里安调来接替他，但是被希特勒拒绝了。这个时候的隆美尔实际上已心力交瘁。当他作出进攻的决定后，他对他的医务顾问说："教授，我昨天作出的进攻决定是我一生中最困难的决定。其结果要么是我们在俄国的德军能够抵达格

罗兹尼，我们在非洲能够抵达苏伊士运河，要么是……"隆美尔没有敢想下去。

8月31日夜，隆美尔的非洲军团终于对英军发起了进攻。隆美尔病得糊涂了，他投入了他所有的、为数不多的坦克，直冲地雷场。他这样说道："战斗要进行下去，这场决定性战役无论如何不能变成阵地战。"

隆美尔这次进攻，从一出发就不顺利。皇家空军的夜航轰炸机在8月30日黄昏就出动了，对隆美尔刚集结起来的装甲车辆实施了破坏性袭击。当非洲军团冲入地雷场开辟通道时，却发现这个雷场比原先预计的要宽得多，也复杂得多，保护雷区的英军也向他们射出了密集而准确的子弹。隆美尔原先期望能很快通过雷区，这时却发现已陷入了死亡的陷阱。很快，有消息说，第21装甲师的冯·俾斯麦将军被一颗地雷炸死，非洲军团指挥官涅林也身负重伤。这时，隆美尔掉头回撤还来得及，但他没有这样做，而是企图趁夜暗继续猛冲，这实际上是在陷阱里越陷越深。面对隆美尔的进攻，英第7装甲师按计划且战且退。德军在陷阱里又前进了10公里，隆美尔命令他的装甲部队向北作预定的左包抄运动。而那里，蒙哥马利早已布置下了第22装甲旅。

隆美尔并不知道那儿早有伏兵。在几辆经过改装的马克-4型坦克的率领下，大队坦克排成可怕的阵势，像是一条蜷缩起来准备咬人的蛇一样，慢慢地，进入了第22装甲旅的伏击圈。罗伯茨少将一声令下，所有的坦克炮和反坦克炮一齐开火，把德军打了个措手不及。在英军沉重的打击下以及迫于燃料短缺，隆美尔被迫停止使用坦克。第二天，隆美尔再度组织了几次零星的攻击，但已远不如8月31日那样猛烈。6时40分，德第15装甲师对阿拉姆哈勒法山脊进行了短时间冲击。7时5分和8时30分，又分别进行了两次小规模的局部冲击。在此期间，德军还同英第8装甲旅进行了一次激烈的遭遇战。该战斗是在第8装甲旅试图向西运动与第22和第23装甲旅集结时发生的。霍罗克斯牢记蒙哥马利的指示，即不允许第30军的坦克与敌近战，在损失了几辆坦克之后，遂把第8装甲旅撤回了。

看到隆美尔的部队已经狼狈不堪，蒙哥马利命令新西兰师由防区向南打进去，从而封闭德军早先进入的缺口。隆美尔这时看到了危险，而且发现他的油料实际上只够用一天了，于是下令撤退，并迅速撤至了他们早先已通过的布雷区，准备据守这一地区。9月3日，英军在蒙哥马利指挥下，开始发动反击。蒙哥马利拒绝了一切"要求坦克发起攻击"的请求，并禁止霍罗克斯继续追击敌人和占领希迈马特高地。他说，要让隆美尔在那里保留一个观察哨，以便德军能够看到他为准备下一次战役所采取的种种欺骗措施。这使得隆美尔很快获得了安定。到9月7日，非洲军团已在英军原来的地雷场及其后方站稳了脚跟。于是，蒙哥马利下令停止这次作战。

在阿拉姆哈勒法之战中，德军损失了约2,900人和49辆坦克及装甲车辆；英军损失了1,700人和67辆坦克，其中13辆"格兰特"式坦克尚可修复，英军在战场上开始掌握主动。蒙哥马利对战果表示满意，他认为，第8集团军在这次战役中的表现，证明他们是当之无愧的精锐之师。更重要的是，第8集团军又是一支士气高昂的部队了。

有一种批评意见，认为在这次战役后期，蒙哥马利失去了一个消灭非洲军团的机会。这当然是针对蒙哥马利在9月3日以后的反击中禁止使用坦克部队而言的。他们这样认为："蒙哥马利也许会辩解，他禁止在阿拉姆哈勒法战役后期使用装甲部队，是为了阿拉曼战役。而实际情况是，他本来不需要阿拉曼就可以取得决定性胜利的。"这一批评是偏颇的。在这次战役后期，蒙哥马利确实是有些过于谨慎，以至于没能扩大战果，这是他的弱点。但消灭非洲军团的机会其实并未出现。对隆美尔来说，他更欢迎英军对他进行继续追击。因为他既缺乏汽油，又无制空权，只有让英军远离阵地，他才有机会和英军放手一搏。而英军方面，第8集团军的训练状况并不让蒙哥马利放心，他们在此前并未受过充分的作战训练，贸然进攻，很有可能会反胜为败。

阿拉姆哈勒法战役尽管只是一次防御作战，但其意义却不可低估，它对隆美尔的打击，不仅是物资人员上的，更是心理上的。对这次失败的教训，隆美尔一直铭记于心，并且对他在1944年对诺曼底防御的看法产生了重要影响。他说："谁要是被迫同完全掌握了制空权的

敌人作战，即使他拥有最新式武器，也将像原始人同现代欧洲军队对阵一样，处境十分艰难而绝无胜利的可能。"隆美尔的作战参谋冯·梅林津后来在《坦克战》一节中，也把阿拉姆哈勒法之战描述为"沙漠战争的转折点，是各个前线一系列败仗中的第一个败仗，预示了德国的战败"。

对蒙哥马利来说，阿拉姆哈勒法之战仅仅是一个开始。意犹未尽的他在给英国友人的信中说："我与隆美尔的初次交锋是饶有兴味的。我幸好还有时间收拾这个摊子，进行筹划，因而毫无困难地把它解决了。我感到我在这场比赛中赢了第一轮。这一轮是他发的球，下次该轮到我发球了。现在比分是1:0。"

No.8 决胜阿拉曼

阿拉姆哈勒法防御战的胜利，大大提高了蒙哥马利的威信。此刻的蒙哥马利，正是春风得意。而远在英伦的丘吉尔，此刻却陷入了危机。

这年夏天，丘吉尔在政治上面临困境。下议院对他提出了不信任案，掌玺大臣斯塔福德·克里普斯爵士对战争的高级计划机构感到不满并以辞职相威胁。这使得丘吉尔无论是出于国家还是个人的原因，都需要一次胜利，一次尽可能快的胜利，一次戏剧性的胜利，一次不言而喻的决定性胜利。阿拉姆哈勒法防御战并不是他所理解的这样的胜利，为此，他要求蒙哥马利在9月份对隆美尔发起进攻。

然而丘吉尔的命令却在蒙哥马利那里碰了钉子。他刚刚打了胜仗，有了公开抗命的资本。这件事的经过，在他的《回忆录》中有详细的描述："在我到达时，我曾对第8集团军的官兵许了愿，在没有做好准备之前我不会发动进攻。从目前情况看，要到10月才能准备就绪。月圆期是10月24日，我认为应在10月23日夜间发动进攻，并报告了亚历山大。白厅当即复电。亚历山大接到首相的电报说，进攻必须在9月发起，以配合俄国人的某些攻势以及盟军于11月初在北非海岸西端的登陆（'火炬'战役）。亚历山大前来看我，商量怎么答复。我说如在9月份进攻，我们各项准备来不及，攻了也要失败；如果延至10月，我保证可获全胜。我认为9月动手简直是发疯。难道真要照办吗？亚历山大一如往昔全心全意地支持我，因此，就照我所要求的那样答复了白厅。我曾私下告诉亚历山大，由于我对官兵们许诺过，因而拒绝在9月发动进攻；假如白厅命令我在9月行动，那么就让他们叫别人来干好了。阿拉姆哈勒法战役之后，我的身价提高了。此后就再也没有听到9月发动进攻的事了。"在排除了来自首相的干扰后，蒙哥马利开始有条不紊地按他的时间表进行战役准备。

9月14日，代号为"轻步"的阿拉曼战役计划出台了。按这一计划，蒙哥马利准备同

∧ 蒙哥马利与手下将领一起进行作战部署。

时进攻隆美尔的两翼。北面为主攻，第30军负责在敌防线与布雷地带中打开两条走廊，第10军通过这些走廊后，在敌供应线两侧的重要地带布下阵地，准备消灭隆美尔的装甲部队。在南面，第13军将攻入敌阵地，与第7装甲师联合行动。此为佯攻，目的是有助于北面的主攻。计划中强调，第13军不应遭受严重伤亡，特别是第7装甲师必须保持"完好"，以便在完成内陆突进之后进行机动作战。这一计划实际上改变了英军传统的沙漠战术，既不在左翼进攻，也不在右翼进攻，而是定在中央偏右处突破。这

43

样，打进去之后，便可根据情况，朝最有利的方向发展进攻，向左或向右。

　　蒙哥马利的这一计划没有得到总司令部参谋班子的普遍赞同，因此他们向德·甘冈施加压力，要他叫蒙哥马利改变主意。但是，亚历山大却站在了蒙哥马利一边，全力支持他的计划。

　　这个计划的核心是劈开德军的防御工事，迫使隆美尔同他打一场坦克战。然而，根据情报人员提供的隆美尔的防御部署，蒙哥马利却发现自己将不得不面对一条特殊的战线，这条战线的纵深从4公里到7公里不等。在大部分防线上，特别是在蒙哥马利试图突破的北部和中北部防线上，有两条大致平行的地雷带，在这两条地雷带之间还隔着一个人们称之为"魔鬼花园"的山坳，其间散布着大量爆炸物。该防线的南段是以英国原来的两个地雷场为基础的。为了这道防线，隆美尔总共在此

∨ 蒙哥马利视察部队时与军官交谈。

布下了44.5万颗地雷。装甲部队被他布置在了防线后面，用于防线一旦被英军突破时，实施反突击。

　　隆美尔的部署使蒙哥马利不得不改变原定计划。9月19日，隆美尔回国养病，斯图姆接替了他的指挥。斯图姆虽然是个沙漠战新手，但他却准确地判断出蒙哥马利将在他防线的中部实施主突，于是，他把预备队也放在了这一地区。这样，到10月6日，蒙哥马利不得不放弃第一个"轻步"计划，提出修正后的第二个"轻步"计划。新计划与原计划的原则正好相反，着眼于先对付对方的非装甲部队。蒙哥马利的想法是，首先以"粉碎性"打击法消灭敌非装甲部队，同时阻住和牵制敌装甲部队。"粉碎性"打击的做法是让英军从敌翼侧和后方进行夹攻，并切断它的给养。而敌装甲部队不可能眼巴巴看着其他部队被消灭而无动于衷，一旦他们进行反扑，则正中下怀，因为要想消灭敌

▽　蒙哥马利向各部队指挥官们简要讲解作战计划。

∧ 向德军阵地发起进攻的英军坦克部队。

装甲部队的最好办法就是把它诱出阵地。

在计划修改过程中，情报参谋威廉斯少校向蒙哥马利提出一个建议，他说他注意到隆美尔在整个前线把他的部队放在意大利部队的中部和后部，显然是担心意大利部队不堪一击。这样，我们可以设法把德意部队分开，先打垮意大利部队的防线。蒙哥马利对这一建议大为赞赏，立刻把它纳入计划。事实证明，这一建议对阿拉曼的最后胜利至关重要。

阿拉曼战役中的一个关键性因素是要求达成突然性，为此，蒙哥马利决心给德国人戴上眼罩，让他们无法判定第8集团军的真正意图。这样，在制订战役计划的同时，蒙哥马利又指挥部队实施了精彩的欺骗行动。它可以说是沙漠战中迄今为止最精巧的欺骗，代号"伯特伦"。这一欺骗敌人活动的基本做法是：在北方，尽量隐蔽地行动，而在南方则尽量让德国人了解第8集团军活动的假象。

具体做法是：首先，伪装前沿地区的巨大的弹药和其他作战物资的堆集所，以保证作战物资需要而又不让敌察觉。其次，是用假车辆扮演坦克和其他车辆的运动，使德军对大量部队在作战阵地上集结逐渐习以为常。10月1日，这些必要的假卡车、大炮、武器牵引车等等都进入了阵地，当进攻各师集结时，趁夜间把假卡车换成真的作战车辆，然后再用被称为"遮阳板"和"吃人者"的专门伪装物把这些真家伙伪装成假货。在准备进攻的各师开来的后方地区，表面上仍保持全部的车辆密度，用假车辆替代开走的真车辆，以此来对付德军的高空照相侦察。再次，在南翼铺设假油管，使德国人相信主攻将在南翼开始。此外，他们还为新的道路作了路标，利用通信分队模拟将在南面发动主攻的无线电通信。

为了把这一欺骗搞得天衣无缝，蒙哥马利还在第8集团军内部执行了严格的保密制度：对旅以下军官只传达将要发生什么事，而且是在9月28日至10月21日按军衔高低分批传达的，前沿部队则是到进攻发起日的上午才传达。上述措施取得了良好的欺骗效果，德国人真的被戴上了眼罩。隆美尔后来是这样记述的："在黄昏来临之前，23日那天过得像阿拉曼前线上的任何一天一样。"

战役即便是在10月份开始，蒙哥马利认为他的时间也还是仓促的。他要尽可能在6个星期里同时解决好临战训练和重新编组这两个棘手问题。由于决定战役成败的一个重要因素是能否顺利通过隆美尔布置的地雷场，因此，在蒙哥马利拟定的训练大纲中，最重要的课目是扫雷分队的训练。这一训练是由第8集团军工程兵指挥官基希准将负责的，他挑选了工兵第3连连长彼得·穆尔少校来负责具体训练工作。在基希的支持下，穆尔在第8集团军内成立了一个扫雷学校，这所临时学校高效地运转着，6个星期里为战役训练了56组扫雷人员。为了加强扫雷的工作，他们还改进和制造了一些机械装置来帮助工兵执行他们的孤独而危险的扫雷任务。有20多辆"马蒂尔达"坦克被改装成了扫雷装置，穆尔他们把这种装置称为"蝎子"。"蝎子"在向前运动时能够用它的旋转轴上的链条鞭打前面的地面，以扫除地雷。第7装甲师在南面佯攻时使用了这种装置，但它实际上没起多大作用。不过这是在野战条件下对扫雷装置进行的一次极有价值的试验。后来，英国组织技术力量对此装置进行了改进，在战争的最后一年里，它成了雷场英雄。在这次战役中，真正发挥了巨大作用的是地雷探测器，第8集团军总共装备了500多个这样的装置。使用该装置探测地雷比用传统的手戳法探测地雷速度更快，也更安全。为了在布雷区中开辟通路，工兵还装备了长达200公里的标示带和88,775盏灯。

蒙哥马利对部队实施的紧急训练，令他的对手隆美尔十分赞赏。在这次战役以后，隆美尔以一种惺惺相惜的口吻评论第8集团军，他说："在夜间进行这种机动显示出他们具有特殊的技能，在这次进攻之前他们一定进行了大量艰苦的训练。"隆美尔还以赞赏的口吻评论："英国人把他们的计划建立在准确计算的原则上。"这句话准确地概述了蒙哥马利为战役所做的另一项准备工作。为了尽量减少人员伤亡，蒙哥马利作了精确的计算，弄清了通过充分发挥物资装备的优势以及谨慎地使用资源能获得多大的好处。蒙哥马利在前沿地区的后勤安排以及他从后方基地得到的供应和保障，使他的野战火炮在阿拉曼战役的12天里，一共发射了100万发炮弹，每门炮平均每天发射102发，而他的轻型火炮每天的发射量比这还要多。其他方面和这一样，蒙哥马利都做了充分准备。

参加这次战役的双方实力是不平衡的。就师的数量而言，双方大致相等，但轴心国方面由于补给跟不上，加上前几次作战中的损失，各部队的人员和装备都严重缺乏。英国方面参战的有英军、自治领和殖民地国家军队（澳大利亚、印度、新西兰、南非等）以及希腊和自由法国的军队。在人数和装备方面，英国占有绝对优势。此外，他还拥有一条畅通无阻的交通线，这也是他的对手所没有的。对此，隆美尔只能望天长叹，心有不甘地说："这一仗在开始射击之前就由军需官们打了和决定胜负了。"

蒙哥马利也感到胜券在握。10月23日是上弦月，月圆期是在10月24日，进攻部队可以利用月光照明，因为当时还没有照明弹。蒙哥马利把战役发起日选在了10月23日夜，他要让德国佬尝尝"蒙哥马利月夜"的滋味。

10月23日终于到了。这天上午，蒙哥马利向全体官兵发表了他在战争期间的第一份私人文告，这是一篇极富战斗性和鼓动性的文告。他说："当我接任第8集团军的指挥时，我说过，政府的命令是要歼灭隆美尔和他的部队，并说一俟准备就绪，我们立即行动。现在我们准备好了。我们马上要打的仗将是历史上起决定性作用的战役之一，它将是战争的转折点。全世界将注视着我们，关心这一战役的进展。……假如我们齐心协力，结果必然是：彻底打败敌人，把他们赶出北非。……要求每位官兵勇敢

∧ 一名德军坦克驾驶员在英军战士的包围下举手投降。

地、并怀着只要一息尚存就必须坚持到底的决心投入战斗。在未受重伤尚能作战的情况下，决不容许任何人投降。"

当天上午，蒙哥马利在司令部举行了记者招待会，向战地记者作了简况介绍。在结束时，他这样说："先生们，准备好你们的武器，记录下第8集团军辉煌的胜利吧！"下午，蒙哥马利来到作战指挥所。指挥所设在担任主攻的第30军司令部附近。为了随时视察战况，他特地调来一辆"格兰特"式坦克备用。沙漠空军的科宁厄姆也搬进作战指挥所，以便组织陆空协同。

当蒙哥马利在他的帐篷里呼呼大睡时，远在柏林最高统帅部里的希特勒接到了斯图姆发来的电报，上面说："敌情无变化。"长长地吐了一口气后，希特勒把电报搁在了一边。

当夜21时40分，斯图姆发现他错了。英军阿拉曼防线上的1,000多门大炮突然同时开火，隆隆炮声揭开了阿拉曼之战的序幕。炮击持续了15分钟，是用来压制已侦察好位置的德意炮群的。21时55分，炮击全部停止，整个战线沉寂了5分钟。5分钟以后，这1,000多门大炮再次开火，它们把暴雨般的炸弹全部泻到敌前沿阵地。接着，第30军和第13军分别在北面和南面向敌发起冲击。在令人窒息的烟幕尘雾中，一排排头戴钢盔的步兵，随着尖厉急切的风笛声，队列整齐地向前挺进。月光下，刺刀寒光闪烁，杀气逼人。

在北线担任主攻的第30军的4个步兵师在一个最初宽10公里，后来逐渐扩大到13公里的正面上发展进攻。所有地段上的德军都在顽强地进行抵抗。但战役开始前蒙哥马利实施的炮兵压制射击以及随后的拦阻射击使斯图姆的步兵重武器遭到严重破坏，许多火炮被毁不能使用。更糟糕的是，他们的通讯系统被破坏了，结果斯图姆无法了解情况以控制形势。此外，斯图姆还担心缺乏弹药，因此，下令在英军进攻之初炮兵不得进行防御射击。这样，到次日上午5时30分，第30军基本达到了他们的主要目标：两个重要的走廊均已打通；第30军各师和第10军的第1和第10装甲师正尾随于步兵之后，分别开入北走廊和南走廊。

可是，就在这时候，蒙哥马利的时间表被打乱了。原来，当前锋步兵部队到达雷区时，德军的炮火开始还击了，越来越多的大炮向着正在布雷区摸索前进的英军士兵和车辆射击。除了在地雷场中开辟通道碰到困难外，各处散布的地雷也给英军造成了严重延误和大量伤亡。由于沙漠中没有别的什么明显的地貌特征，加之烟尘滚滚能见度低，英军在前进中遇到越来越多的进行顽抗的敌防御阵地。

到了10月24日白天，北线主攻方向的进展仍不顺利。虽然第9装甲旅和第2新西兰师按计划越过了米泰里亚岭，但是第10装甲师却被阻住，第1装甲师也无法前进。英军坦克被迫停留在米泰里亚岭背后，在最大射程距离上与敌交火，随时都有可能被己

∨ 正在发起进攻的澳大利亚步兵。

∧ 英军士兵用高射炮向意军飞机开火。

方行动缓慢的步兵堵塞在后面，陷在狭窄的战线上无法动弹。

南面第13军的消息也不容乐观。第7装甲师和第44步兵师没能按计划突破布雷区，被堵在了"一月"地雷场和"二月"地雷场之间，等待他们的要么是突破"二月"地雷场，要么是陷于崩溃。向希迈马特进攻的第1自由法国旅运气更糟，在阿拉姆哈勒法之战中让隆美尔头疼的软土，如今也让他们碰上了，重型装备在此行动迟缓无法跟上步兵，而德军则在上午7时30分发起了反突击。结果，法军两名上校阵亡，损失了全部车辆，失去了优势。

进攻进展得虽然不够顺利，但是在24日拂晓却有一个意外的收获。斯图姆由于情况不明想亲自到前沿去观察，他准备到预备阵地上的第90轻装步兵师那里去，但途中他的车走错了路，来到了澳大利亚师阵地前。澳大利亚师的士兵立刻向他的车开了枪，打死了他的副官。于是，司机掉转车头逃命，慌乱之中斯图姆的心脏病发作身亡。希特勒在得知此讯后，立刻电召在奥地利治病的隆美尔火速返回非洲。这样，病体未愈的隆美尔于25日傍晚返回了他的沙漠司令部。不过，蒙哥马利还不了解这些情况。

第10军军长拉姆斯登，一开始就对蒙哥马利让坦克在狭窄走廊中穿过的做法持怀疑态度。他认为，当坦克冲进了敌军具有密集火力掩护的雷区后，冲在最前面的坦克一旦被敌击毁，后续坦克就将进退维谷，成为敌反坦克炮的目标而遭受毁灭性打击。因此，当第10装甲师受阻后，他立刻向蒙哥马利建议将坦克从走廊地带撤回，重新编组以避免损失。

蒙哥马利对此甚为不满，于是，他直接同第10装甲师师长盖特豪斯联系，要求他在当晚必须打到开阔地带，为已经前出的新西兰师提供保护。他强调，要不惜一切代价。盖特豪斯对此也表示不能赞同，他认为这样是盲目地消耗自己的兵力。从战术角度讲，拉姆斯登和盖特豪斯的意见是正确的，但蒙哥马利认为这样做对整个战局不利。他的目的，是要不断对敌施加压力，而同时尽可能少地降低步兵的伤亡。为了达到这个目的，即使损失一些坦克，也在所不惜。因此，他对盖特豪斯说，必须以1个旅的兵力，不惜牺牲地向前挺进。

这一天，空军发挥了作用。沙漠空军不仅在进攻之前对敌实施了猛烈轰炸，而且在整个战役过程中都对第8集团军进行了不停顿的战术支援。仅在24日，沙漠空军就大约出动了轰炸机1,000架次，主要用于直接支援集团军。"台风"式轰炸机痛击了击溃自由法国旅的敌基尔集团；敌坦克集团也在轰炸机的穿梭轰炸中遭受重创。英国空军牢牢掌握了制空权，为英军战线撑起了一把空中保护伞。

夜幕降临时，为保障第10装甲师向前推进的工作已在进行，利斯却接到报告说"拉姆斯登还没作好进攻准备"。经询问，原来拉姆斯登对这次作战还是没把握，因为山脊上的地雷场比预计的纵深要大，且德军阻击炮火猛烈，尤其是他们把88毫米高炮改用来打坦克，不仅命中精度高，而且破坏力强。就在这时，第8装甲旅的油料车又被德军炮火击中，坦克、车辆顿时乱作一团，成了德军反坦克炮瞄准的活靶子。鉴于此，第8装甲旅旅长卡斯坦斯于25日凌晨向他的师长盖特豪斯建议，他的进攻应予取消。盖特豪斯向拉姆斯登提出同样的建议，拉姆斯登同意此建议并上报德·甘冈。

这样就发生了蒙哥马利称之为"战役中的真正危机"，而德·甘冈称之为"第一踏脚台"的事件。蒙哥马利当时正在熟睡。德·甘冈认为事情很严重，便通知利斯和拉姆斯登3时30分来开会，然后他叫醒了蒙哥马利。蒙哥马利断定拉姆斯登得了"意志薄弱症"，他向拉姆斯登重申，他的计划必须得到执行，绝不允许撤退。最后，他甚至毫不客气地说，如果拉姆斯登和盖特豪斯不赞成继续推进，他将找别人来代替他们。

战斗在继续进行。到25日晨8时，先头装甲旅已冲过布雷区，突进到2,000米外的阵地上。接着捷报又传：新西兰师的第9装甲旅也已冲过雷区，到达指定目的地。德意非洲军对英军的突出部组织了反突击，但是被英军挫败了。由于装甲先头部队楔入敌军防线时建立了用以对付敌军任何反攻的阵地，蒙哥马利现在就可以按计划集中全力对敌步兵实施"粉碎性"打击了。

一支又一支部队投入了进攻。战场上的情况越来越乱，西南面的新西兰师遭遇了德军最顽强的抵抗，陷入苦战。鉴于此，蒙哥马利决定把"粉碎性"作战的矛头转向北面澳大利亚战线。形势很明显，只有北面战线有获胜的希望。因为在南面，24日夜至25日黎明前，由第13军发起的对"二月"雷场的第二次进攻已告失败，接替自由法国部队的第50师也再次被德军击败。蒙哥马利在南面战线上的部队就全部处于守势了。

这时候，隆美尔返回前线，苦苦支撑的非洲军像是被注了一支兴奋剂，顿时活了过来。

25日夜到26日黎明前，澳大利亚部队按计划进行了"粉碎性"作战。第9师的一次干净利落的进攻，使他们逐步靠近了海岸公路，但是装甲师和高地师却没什么进展。经过3天的作战，第8集团军在整个战线上的进攻渐呈颓势。

10月26日这一天，蒙哥马利花了一整天时间来检查自己的处境。在3天的进攻中，伤亡和失踪人数不少：新西兰师大约1,000人；澳大利亚师1,000人；高地师2,000人；南非师600人。整个集团军的伤亡和失踪总数估计为6,140人。对蒙哥马利来说，最成问题的是步兵，步兵在他的集团军中份额占据不大，而战斗伤亡的大部却是步兵。那个时候，他实际上已没有步兵预备队了，所有的步兵师都部署在前线，特别是新西兰师和南非师已几乎没有什么补充兵员。这是他不得不面对的一个严峻的现实。

与此同时，蒙哥马利的对手隆美尔的处境其实更不妙。26日晨当他到达自己的指挥所时，听到了英军重炮拦阻射击的声音，凭着经验，他判断"德军每发射1枚炮弹，英军要发射至少500枚"。他亲自视察了利托里奥师和伯萨里格师的一个营所进行的一次反突击，发现在英军空中火力和地面炮火的打击下，德军难以进展。这时，他又发现了蒙哥马利正试图加强在北线的力量，于是下令第21装甲师向北疾进。令他忧虑的是装甲车的损失，当他重新指挥非洲军时，他的手里只剩下148辆德国坦克和221辆性能较差的意大利坦克，其精锐第15装甲师实际只剩下40辆坦克。燃料的短缺更令他毛骨悚然，他现有的油储量只够他作3天之用，迅速补充石油储备至关重要。但是他的运油船在海上被击沉了，同时，他的弹药船也被击沉了。这使隆美尔感到绝望。在给希特勒的形势报告中，他悲观地说："除非供应情况立即得到改善，否则这

∧ 正在思考战局的蒙哥马利。

个战役就要输掉。而根据以往的经验判断，供应情况几乎没有希望得到改善。"

面对此时的战局，经过反复考虑后，蒙哥马利头脑中出现了一个新的计划的轮廓。这一计划被他称之为"增压"，通过实施一次大的机动重新部署部队，以实施猛烈的最后打击。其主要就是把第7装甲师由南面调过来加强北面攻击力量。这样，26日以后的战斗基本上不是按原来的"轻步"计划进行的，它主要被用于新计划的准备。

10月28日，蒙哥马利把他的新计划准备停当。对这个计划，他很有信心，认为它可以给他和盟国带来决定性胜利。早上8时，他给已进入腰形山脊地区的利斯和拉姆斯登下达命令：第1装甲师必须撤出战斗，重新编组，并转入预备队，到他猛攻得手时再行出击。中午时分，他又命令新西兰师沿澳大利亚师的作战方向沿着海岸继续打下去；为加强力量，第9装甲旅调归他们使用，该旅可优先补充坦克。同一天晚上，他又命令在南线的第7装甲师采取机动，迅速撤离目前战线，转到北面来；该师第4装甲旅仍留在南线上，第44师的第131步兵旅转隶第

∧ 英军向阿拉曼德军发起了总攻。

7装甲师。这样就为他的"粉碎性"打击建立了一个强大的预备队。

就在这时,情报部门转来一份最新情报:隆美尔的部署有变化。隆美尔不愧是老谋深算的"沙漠之狐",他已嗅出了蒙哥马利变更部署的企图,把他的预备队第21装甲师和第91步兵师,全部调到了北海岸,准备同英军决一死战。这一份情报具有极其重要的价值。据此,蒙哥马利得出这一结论:隆美尔已把其全部精锐部队投入了北面作战地段,而且他的手头已没有德军预备队了。这样,蒙哥马利认为战役开始前威廉斯所建议的那种情况,即把德军同意军分开的十分有利的可能性出现了。于是,他决定对"增压"计划作一个小小的修正,即澳大利亚师向北部海岸方向继续发起冲击,而新西兰师的出击线则向南移动一些,猛攻德意部队的结合部,撕开缺口;然后,第10军的全部力量——第1、第7和第10装甲师,外加两个装甲车团将冲进这个缺口。

10月30日夜,澳大利亚师按计划向北发起第三次攻击,它的成败直接关系到"增压"作战的准备。他们打得很出色,在德军的顽强抵抗下,他们虽然没能打到海边,但他们夺取了公路和铁路沿线的许多阵地,像是一把锋利的尖刀插进了德军的防线。德国坦克部队从西面发起了凶猛的反攻,但澳大利亚师像钉子一样牢牢地钉在这个突出部,为"增压"计划的顺利实施立了一大功。

至此,"增压"作战准备工作已全部就绪。但蒙哥马利又把发起总攻的时间推迟了24个小时。这一建议是由弗赖伯格提出的,他的部队与其他配属部队的配合尚有一些问题,如果按原定计划发起总攻,预期的坦克决战可能不会出现。蒙哥马利同意这一看法,认为在当夜进攻,确有可能功败垂成,于是,他把"增压"作战的总攻时间改在了11月2日凌晨1时5分。

11月2日凌晨,"增压"作战的总攻正式开始。步兵师不负众望,出色地完成了任务。第151旅和第152旅在规定的时间内夺占了目标,在他们左右两翼的第28毛利营和第133车载步兵旅也都夺取了能保证执行翼侧保卫任务的阵地。至于第9装甲旅,他的任务更加艰巨,与第9装甲旅作战的正面上的德军有坚强的防坦克战壕工事和反坦克火力。弗赖伯格在进攻前召开的会议上说:"我们都明白,我们要用坦克去攻击一堵由火炮构成的墙壁。这应当是步兵干的事,但我们再没有多余的步兵可供调遣,只好由装甲兵来干。"蒙哥马利对第9装甲旅

∧ 阿拉曼战役中, 被俘的德、意官兵被押往战俘营。

任务的艰巨性非常清楚, 他说: "我准备接受100%的损失。"

第9装甲旅的冲锋是在6时15分发起的。当第9装甲旅的坦克轰鸣着冲向德军的炮群时, 德军的反坦克炮发出了万道火焰, 许多坦克被击毁了, 躺在路边, 冒出浓浓的黑烟。但是, 第9装甲旅还是冒着炮火, 继续发起"自杀性"冲击。经过几个小时的残酷战斗, 第9装甲旅遭受了惨重的损失, 94辆坦克只剩下20辆, 官兵伤亡230余人, 而德军的火炮防线仍未突破。但是, 他们牢牢地控制了生死攸关的桥头堡, 保证了后续部队进军路线的畅通。

第1装甲师紧随第9装甲旅穿过走廊, 与德第21装甲师的部队展开了一场激战。原来, 隆美尔这时发现英军的主攻方向由北部转向了德意军结合部, 急命第21师向南移动, 以堵住第8集团军在他的结合部上打开的缺口。双方在这里打了一场战役中最猛烈的坦克会战, 这正是蒙哥马利所预期的。越来越多的德意坦克在大炮和反坦克炮的支援下, 加入了战斗, 但英军的炮兵和沙漠空军也同样予以了有力的还击。经过两个小时你死我活的拼杀, 隆美尔的第一次反攻才暂时停止。

午后不久, 隆美尔又增加新的装甲师和炮兵, 发动了第二次反攻, 结果受挫。这

时候，隆美尔的非洲军团只剩下35辆坦克了。在冷静地分析了形势后，隆美尔认为凭他现有力量根本无法阻止英军的突破，为使非洲军团免遭被全歼的厄运，他决定把队伍撤到富凯。此时的隆美尔，内心一片悲凉，在给妻子的信中，他这样写道："仗打得异常艰苦，战争对我们越来越不利。晚上，我睁着眼睛躺着，绞尽脑汁为部队寻找摆脱困境的办法……死去的人们是幸运的，对他们来说一切都已了结。"

就在隆美尔打算撤退时，希特勒阻止了他，这等于帮了蒙哥马利一个大忙。11月3日，希特勒在给隆美尔的电报中命令："在你目前所处的形势下，除了坚持战斗外，不能有任何其他想法，不得放弃一寸土地，要把每一门大炮、每一个士兵都投入战斗，不胜利毋宁死！"这封电报使隆美尔心灵受到严重创伤，他说："我按最高当局的指示发出坚守现有一切阵地的命令时，一种麻木不仁的感情攫住了我。"因为，按希特勒的命令，无异于让非洲军团引颈待割。在下达继续战斗的命令时，拜尔莱因问隆美尔："真的要按元首的指令办吗？"隆美尔沉重地答道："我无权同意你违抗命令。"冯·托马插话道："我无法'不放弃一寸土地'。"这时，南面的英第13军也突破德军防线。冯·托马驱车前往察看战场情况，不料落入了进展神速的英军坦克部队的包围，被迫投降，成了蒙哥马利的战俘。

战斗在继续进行，非洲军团已经全线崩溃。尽管隆美尔没有下达撤退的命令，但他的部队事实上已在溃退。隆美尔是位忠诚尽职的军人，也是位清醒现实的统帅，他终于下了决心，决定要"挽救还可以挽救的东西"。11月4日15时30分，他发出了全面退却的命令，竭心尽力地组织了一次精彩的撤退。他指挥残余部队摆脱了混乱不堪的局面，从这场让他心碎的阿拉曼战役中脱身出来。

至此，经过12天的战斗，阿拉曼之战终于以第8集团军的大获全胜而告终。在这次战役中，第8集团军伤亡13,500人，损失大炮100多门，约有500多辆坦克被打坏（其中大部分可修复）。轴心国方面约有20,000人伤亡，30,000人被俘，其中包括非洲军司令冯·托马等9名将军。其坦克损失惊人，当隆美尔撤退时，只剩下30辆坦克。第8集团军无可否认地赢得了一场全面胜利。这场胜利，扭转了非洲战场的局势，宣告了北非战场的战略转折。

在伦敦，欢庆胜利的钟声在空中回响不绝。一直精神沮丧的丘吉尔，此刻已不再沮丧，他得意地说："阿拉曼以前，我们总是失败；阿拉曼战役之后，我们再没有打过一次败仗。"

No.9 登陆诺曼底

阿拉曼战役的胜利，使55岁的蒙哥马利的肩章上，又多了一颗星，他被晋升为英国陆军上将，同时被授予巴斯骑士勋章。此后，蒙哥马利率领第8集团军一路攻占的黎波里、突尼斯，至1943年5月13日德意联军投降，全歼隆美尔的北非军团，以辉煌的战绩结束了非洲战争。经过短暂的休整后，7月10日，蒙哥马利又率部登陆西西里岛，至8月13日取得西西里战役的胜利，并于11月19日攻至桑格罗河的南岸，与德军最坚固的古斯塔夫防线形成对峙。

12月24日，正在睡觉的蒙哥马利突然接到陆军部通知，命令他迅速返回英国接替佩吉特，指挥为开辟欧洲第二战场而组建的第21集团军群。这个消息使蒙哥马利十分兴奋，能被挑去承担如此重大职责，这本身就是莫大的光荣。同时，他一直认为，只有横渡英吉利海峡，向欧陆大举进攻，才是真正雪洗敦刻尔克之耻。

蒙哥马利首先要做的是解决带往英国的新班底问题。与德·甘冈商讨之后，他选定了参谋长德·甘冈、总后勤部长格雷厄姆、情报处长威廉斯、坦克部队顾问理查兹、随军总牧师休斯等5人。陆军部很快批复，准许他带走德·甘冈、威廉斯和理查兹。接替蒙哥马利的是第30军军长利斯，他将于12月30日到任。

12月27日，蒙哥马利飞往阿尔及尔，看望了艾森豪威尔。艾氏这时已被任命为开辟第二战场的盟军最高统帅。他告诉蒙哥马利，他打算把最初的地面战斗全交由蒙哥马利负责，驻英格兰的几个美国军团在进攻欧陆开始日及其以后的作战中也将由他指挥。此外，他们还讨论了英美军队在参谋机构一级合作的必要性。12月28日，蒙哥马利返回了他在意大利的作战指挥所。

12月31日，蒙哥马利乘机飞往马拉喀什。在随行人员中，他自作主张地把格雷厄姆带上了。用他的话讲，他要试试伦敦是否发脾气。一有机会，他还要把其他几位心腹爱将都挖过去。

意大利蓝靴渐渐变得模糊了，蒙哥马利感觉越来越清晰的是在他心中酝酿着的"霸王"计划。因离别而略有感伤的他，胸中波澜滚动，因为彻底洗刷敦刻尔克耻辱的时刻就要到了。

踌躇满志的蒙哥马利显然已经认识到自己将成为最终打败法西斯德国的英雄。1944年1月1日，蒙哥马利抵达马拉喀什后，立刻前往拜见正在养病的丘吉尔。丘吉尔正在病床上阅读一份文件，见到蒙哥马利后，他把文件递了过去，说："你看看这份文件，有什么意见？这是'霸王'行动计划草案，也就是俄国人已叫了两年的开辟第二战场计划。"蒙哥马利说："我未曾看过这份计划，也根本未同海空军长官讨论过这个问题。而且，我也不是首相阁下您的军事顾问。"丘吉尔坚持要听听意见，蒙哥马利同意带回去先细细读一下。

当天下午，艾森豪威尔也赶到了马拉喀什，与蒙哥马利作了短暂的交谈。他说："据我掌握的情况，我不喜欢这个草案。"他授权蒙哥马利在他回欧洲以前，在伦敦作

为他的全权代表，对该计划草案进行修改。

晚宴后，蒙哥马利仔细阅读了这份计划。这份计划是在1943年8月的魁北克会议上经联合参谋委员会通过的。负责制订这一计划的是英国的弗雷德里克·摩根将军，他是在卡萨布兰卡会议以后受领这项任务的。由于计划是建立在兵力兵器都不充足的基础上的，摩根本人对它也并不满意，他说："这个计划是行不通的，但你还得把它好好搞出来。"根据新近在西西里和意大利获得的实战经验，蒙哥马利一眼就看出了该计划的问题所在。第二天一早，他便把一份报告交给了还没起床的丘吉尔。其中，他一针见血地指出："最初登陆的正面太窄，局限于过分狭窄的地带。此后将有更多的师不断向同一些滩头涌来。到进攻欧陆开始日后的第24天，在同一些滩头上登陆的兵力将达24个师之多。到那时，要管好这些登陆滩头将非常困难。混乱状况不会得到改善，而将日益恶化。我的初步印象是：这个计划行不通。"

蒙哥马利的这个意见显示了他的高明之处。艾森豪威尔虽然对这个计划有保留意见，但他不能抓住问题的实质，不能指出哪些具体东西是错误的、不可行的。丘吉尔对蒙哥马利的意见很感兴趣，原来他也总觉得计划有点不对劲。现在，蒙哥马利为他作了分析，点出了其中要害，令他很是感激，他决定放手支持蒙哥马利和他的参谋班子对这一计划进行大幅度修改。在他心目中，蒙哥马利是堪当此重任的。

1944年1月2日当天，蒙哥马利由马拉喀什乘机返回伦敦。此时，德·甘冈等人已先他一天抵达了英国。他们就在蒙哥马利曾经就读过的圣保罗学校里，设立了第21集团军群司令部，蒙哥马利的办公室就是原校长办公室。

蒙哥马利并非把所有时间都用来打赌。他明白自己所要指挥的这次联合作战，其规模之大是前所未有的，他可不敢掉以轻心。

　　第21集团军群是由原英国本国部队统帅部组建的，建立已近4年。这是个没见过世面的部队，没去过海外，也没什么作战经验。多数高级军官长期待在办公室，墨守成规。蒙哥马利对此依然采取了他毫不留情的铁腕做法，对参谋机构进行换血。他所带来的一些高级军官立即接管了一些部门的领导岗位。同时，他还向陆军部提出撤换高级指挥官事宜。经同意，他把登普西将军从意大利调回，任命他指挥第2集团军。

∧＞ 蒙哥马利正在向视察部队官兵讲话。

　　集结在英国的美军组成了第1集团军，由布莱德雷指挥。他要接受蒙哥马利的领导，蒙哥马利则要听命于艾森豪威尔，人事之间的关系比较复杂微妙。

　　在对第21集团军群进行调整的同时，蒙哥马利加紧修订"霸王"计划。在他看来，"在何处登陆"比"用多少兵力登陆"更值得人深思。这个根本问题令人满意的答案只能是一系列次要问题的答案的总和，而每个次要问题都有其独特的重要性。哪些港口可以夺取，以用来保障物资供应？什么地方可以肯定得到至关重要的战斗机的掩护？所建议的登陆滩头是否足够坚固，坡度是否适当？涨潮落潮的时间是否适当？如果登上了滩头，能够脱离开吗？海滩有没有出口？海滩后面是什么样的地带？海滩是否适于部队展开，以便扩大滩头堡并为增援部队腾出地方？前沿机场能够迅速建立起来吗？敌人部署在什么地方？敌人在当地可立即投入使用的兵力有多少？有多大的增援能力？只有诸如此类的问题都能得到明确的答案，才能最后选定登陆地点。

蒙哥马利抵达伦敦后不久，便听取了摩根关于进攻欧陆的最新计划的汇报。这份

新计划确定诺曼底以西的塞纳湾海岸为主突方向。蒙哥马利对此没有异议，于是，塞纳湾被确定下来，这一区域被称为"海王星"区域，"海王星"是进攻欧陆开始日的实际突击代号。不过，蒙哥马利认为这一计划还需修改，因为存在进攻正面太窄、突击力量太弱、指挥安排不妥3大问题。他提出对计划作出如下改动：

首先需要扩大进攻欧陆开始日的进攻正面，以便能够从科唐坦半岛底部维尔河口以北区域延伸至奥恩河东侧。其次要由两个集团军并肩进攻，即第21集团军群在左面

以3个师进攻，而美国的第1集团军则在右面以两个师进攻。原计划建议所有登陆部队均由一个军司令部或特遣部队司令部控制，经蒙哥马利修改的计划（包括在奥恩河另一边空降美国的第82和101空降师）则提供了一个更强有力的、更简单的指挥结构。力量增强是显而易见的，而指挥结构更加简单则是因为两个国家的军队都有自己的进攻和扩张战果的区域，因此供应物资和增援部队能够毫不混乱地进入各自的区域。该计划规定，为方便起见，美军应全部在右面登陆，因为美军部队都集结在联合王国的西部，而且直接从美国运来的人员和物资要在瑟堡（估计能在进攻初期夺取）卸载。此外，新计划的进攻方案能保证各个军控制自己的滩头区域，因而能使后续部队和增援部队的流动较为容易。最后，新的进攻方案还意味着，在蒙哥马利同各集团军司令官以及军和师之间有了正常的指挥系统。用蒙哥马利的话来说，就是"海王星"行动变得"干净利落"了。

艾森豪威尔正式赶到伦敦就任最高统帅后，于1月21日批准了经蒙哥马利修改过的上述计划，于是"海王星"行动和"霸王"行动就显得更现实了。在伦敦郊外的布西公园里，设立了盟国远征军最高司令部，一切都已显出走上正轨的样子。

只是舰船严重短缺，这是件令人头疼的事。

蒙哥马利在修改"霸王"计划时，已认识到盟军的成功有赖于把另一个代号为"铁砧"的军事行动降为仅起恫吓作用的军事行动，从而把节省下来的登陆舰艇调拨给"霸王"军事行动使用。"铁砧"是美国方面所要坚持的行动，通过在法国南部土伦以东地区的登陆行动，牵制德军，以有助于"霸王"军事行动。法国和苏联都支持这一计划，但英国却坚持认为这样的话，一会使他们在意大利的行动受到限制，二会让苏联人先进入维也纳，三是影响"霸王"计划。艾森豪威尔出于保证"霸王"作战成功的考虑，也同意把"铁砧"降为恫吓性的行动。同时，为解决登陆舰艇短缺问题，他还向联合参谋长委员会建议，将"霸王"行动也向后推迟1个月。他的建议被采纳了。

蒙哥马利还要考虑的是一旦登陆成功，战事怎样展开。由于地面部队归他指挥，在他手下一共有4个集团军可供使用。根据情报，他得知德国人普遍认为英国人的战斗力比美国人强，于是，他想出了一条愚弄德国人的妙计，即把他的部队摆在左翼实施佯攻，以吸引德军主力，而让右翼的美军担任主攻，给德军出人意料的一拳。当然，这个方

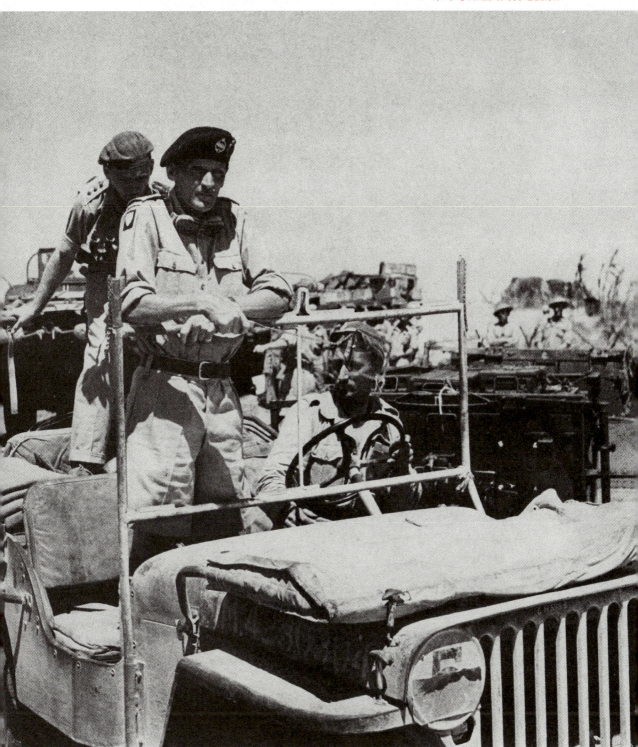

案对蒙哥马利自己来说，是痛苦的，因为它无疑会引起一些盲目的指责——这些人不明白他最初的战斗仅仅是佯攻，他会被指责为趑趄不前。但是为取得作战胜利，他不惜付出这种代价。

到这时候，终于有了一个比较一致的方案。蒙哥马利再次运用了他那经过考验的方法：集中精力考虑主要问题，然后让他的参谋班子去制订细节计划。这样，他就有时间从事其他工作，做一些英国远征军以往的任何一位指挥官所不曾做过的事——宣传。

1944年春，蒙哥马利乘坐武装力量总司令曾经使用过的"轻剑"号专列，不拘形式地访问了将要参加"霸王"行动的每一支部队，以此来达到鼓舞士气和相互团结信任的目的。

每天，蒙哥马利都要进行2~3次检阅，每次上万人或更多些。受阅部队一律排成整齐的方阵。每次他都要同各部队的指挥官进行个别谈话，然后命令部队向内，他缓步通过行列，以使每个人都能看见他。在他检阅时，他对士兵的要求很松，他们可以采取任何站姿，不需要收腹挺胸，身子也可转动，这样可以一直瞧着他。最后，他站在吉普车头上，让士兵们围在他的周围，用朴素、简单的话语告诉他们将干什么，为什么要干；告诉他们德军是怎样打仗的，我们怎么打仗；还告诉他们经过检阅，他对他的士兵们已有了绝对的信心，希望他们对他亦有信心。通过这种方式，到5月中旬，蒙哥马利差不多检阅了100多万部队，其中不仅有英国人和加拿大人，还有美国人、流亡者、自由法国人、波兰人以及比利时人。同时，他也被他们"检阅"。

蒙哥马利这种兴师动众的行为，在一些要人中引起了忧虑，人们都交头接耳地议论这件事，一些政客已经在怀疑一个潜在的竞争者正在忙着为自己未来的事业构筑讲坛。最后，连丘吉尔也坐不住了，在发给伊斯梅将军的备忘录中，他称："现在似乎该就发表演说这件事向将军们和其他高级指挥官重新发一个通知了……近来，演说和会见搞得太多了。"这显然是多虑了。蒙哥马利的检阅收到了预期的效果，他得到了士兵们的普遍欢迎，甚至还赢得了美军士兵的尊敬和爱戴。

除了鼓舞军队以外，还要鼓舞人民，长时期的和平使人们对军队的尊敬淡漠了，

< 一起磋商登陆问题的艾森豪威尔、蒙哥马利。

战争初期的许多惨败使得这种淡漠情绪发展到了极点。阿拉曼战役以及非洲、西西里和意大利的胜利在一定程度上恢复了公众对胜利的信心，但重振军队在公众中威信的工作仍刻不容缓。盟军方面其实已经在考虑宣传和士气问题，曾建议"尽早任命一批多才多艺的人物在驻英格兰的英军中担任职务，这样他们可以将活力通过军队传给人民"。没想到，蒙哥马利以他的方式贯彻了这一要求。

蒙哥马利认为，要使他的战士的战斗意志不因大后方人民的淡漠无情或怀疑态度而遭削弱，要使今后战争的物资供应和弹药不因工业人员倦怠而受到限制，就必须对已经精疲力竭、对战争感到厌倦的公民进行鼓舞。因此，在军需部的帮助下，他走访了许多工厂，尤其是那些加班加点生产"霸王"军事行动所急需装备的工厂。这些访问使蒙哥马利广泛接触了军队以外的广大民众。对他们的演讲，他始终扣着这一主

∨ 美军部队整装待发，准备开始诺曼底海滩登陆作战。

题："不论是在前线作战的士兵，还是国内生产线上的工人，我们都属于一支伟大的军队。工人们的工作同我们的工作一样重要。我们的共同任务是把工人与士兵联成一个整体，打败企图统治欧洲与世界的德国。"

1944年2月22日，他向全英铁路工人领袖发表演讲，赢得了工人领袖们的全力支持。3月3日，他又来到伦敦港口，向1万多名码头工人、搬运工人和驳船工人讲话，主题仍旧是"为了打败德国同心干"。

民众的热情被鼓舞起来了！全国储蓄委员会主持了"为胜利支援空军和海军周"，并借蒙哥马利的东风，发起一场新的储蓄运动。该运动被称为"向军人致敬"运动。3月24日，这次运动达到高潮，蒙哥马利和格里格应邀出席讲话。蒙哥马利指出："在战争中，人是最重要的……由于整体的同心协力，使我们赢得战役，从而取得大

∧ 美军部队在诺曼底登陆。

战的胜利。"

蒙哥马利的宣传活动取得了巨大成功。而在海峡对岸的法国，希特勒已感到了巨大的压力。治危还需良将，他对隆美尔再次委以重任，让他同老对头蒙哥马利再较量一次。

蒙哥马利在海峡这边结束了他的宣传活动。德·甘冈等人此时已不负重托地拟好了登陆作战的细节计划。5月15日，蒙哥马利将第一份计划正式呈递艾森豪威尔。在这份计划里，蒙哥马利指出，"海王星"区域分成5个独立的登陆区域，分别由不同部队进行。在"海王星"行动完成后，首先是以进一步的进攻行动将各登陆点联成一片，形成滩头阵地。

至于登陆以后如何扩大战果，蒙哥马利的答复既明确又谨慎。他注意到自从隆美尔接任以后，海峡对岸的形势发生了很大变化，这只"沙漠之狐"以罕见的精力和才智改变了那被称为"宣传之墙"的无效能状态。在内陆，德军铺设地雷的速度提高了3倍。为防止盟军空降，隆美尔设计了一种"隆美尔桩砦"，用许多大木桩楔入地面，构成彼此相隔的森林，它们能把滑翔机底部刮破。在海滩，隆美尔也为防止盟军登陆设置了大量障碍。蒙哥马利以一种钦佩的口吻说："隆美尔是想让我们再尝一次敦刻尔克的滋味。"对此，他强调，登陆成功后一定要抢占滩头阵地，牢牢控制格朗维尔－维尔－阿让唐－法莱斯一线敌人翼侧，并把包围住的地区牢牢地控制在手中，只有这样才可立于不败之地。

针对一些人对隆美尔的恐惧心理，蒙哥马利指出，隆美尔作为一个对手，确实会给我们带来不小的麻烦，但他也会做出对我们非常有利的事。他正确地判断了隆美尔的防御方针，他认为隆美尔在非洲的失败使其对丧失空中优势的坦克机动战已经绝望了，在盟军明显的空中优势面前，隆美尔肯定"不打算在他自己选择的阵地上打坦克战，而是把他的坦克部署在前沿来避免坦克战"。而这场战争实际已证明了这种防御是脆弱的，一旦防线被突破，就会全线崩溃。

关于登陆的具体时间，蒙哥马利是这样考虑的：如果选择高潮线登陆，大部分登陆艇可能会被凿穿洞；如果选择低潮线登陆，步兵在通过德军炮火射击的开阔海滩时将会遭受巨大伤亡。在权衡了所有因素后，蒙哥马利决定选择在高潮到来之前的3点到4点之间发起攻击。此外，他还决定第二批登陆的部队使用水陆两栖坦克，以便为步兵提供他们所需的火力支援。后来的事实证明，这一决定是非常英明的。

上述关键问题已找到了满意的解决办法，但为了达成突然性，还必须隐蔽登陆点，这对保证登陆成功至关重要。为此，蒙哥马利又使出了他的拿手好戏——欺骗，他要牵着德国人的鼻子走。

无论是从防守一方还是从进攻一方来讲，横渡英吉利海峡的登陆作战，最佳选择只有两处，一是"霸王"作战所选定的诺曼底，另一个是加莱。加莱比诺曼底的吸引力更大，因为从该处登陆不仅航程短，而且港口条件优越。因此，德军在此配备了最强的力量。这当然正中蒙哥马利下怀，但是，他很担心隆美尔会识破盟军的计划，为此，他精心实施了两项诈敌计划。欺骗行动的目的是让德军深信盟军的主要进攻将在7月份第3个星期（即实际进攻开始日后6周多），主要进攻前盟军还将从苏格兰进入挪威（这一方向也是希特勒一直不放心的）。与此同时，他还有意散布这样的消息："盟军为在加莱登陆，可能会对诺曼底进行佯攻。"

两项重大欺骗是双管齐下进行的。早在1944年春，英国情报部门就在利物浦找到了一位名叫克里夫顿·詹姆斯的中尉，此人相貌和身材酷似蒙哥马利，原先当过演员。情报部门决定让他担任蒙哥马利的替身，成为一场混淆视听的欺骗活动的主角。詹姆斯被秘密送到了蒙哥马利的参谋部，他很快就掌握了蒙哥马利的特点，如走路时背着双手，不时用手指捏一下左颊，紧紧盯着人看，头部挺得笔直，跟人交谈时经常伸出一只手来强调他的论点。他模仿得惟妙惟肖，几可乱真。在估计不会被戳穿的时候，这位"蒙哥马利"开始大肆活动了。他身着将军服，头戴缀有双徽的黑色贝雷帽，乘着飞机直飞直布罗陀。在机场上，他大摇大摆地走下飞机，参加当地官员为他举行的欢迎仪式，然后坐上汽车，在直布罗陀招摇过市。直布罗陀总督伊斯特伍德将军以隆重的规格设宴招待了这位"蒙哥马利"。第二天，"蒙哥马利"又乘机飞往阿尔及尔。情报部门已预先散布了谣言，说蒙哥马利将军要来这里执行一项特殊使命，可能是要在此集结一支强大的英美联军。"蒙哥马利"在机场招摇了一番后，进了威尔逊将军的总部，便销声匿迹，不再露面。德国间谍当然不会遗漏有关蒙哥马利将军行踪的情报，假消息不断地传回德军最高指挥部，他们当然不晓得，竟然有两个蒙哥马利。

与此同时，在英格兰东南部，盟军也制造了一个假象，使敌人相信在那里存在一个完整的集团军及辅助的空军部队。这一欺骗手段借助了以往一些残余设施，并利用外交和新闻手段，假装不慎露出一些蛛丝马迹，表明该处在使用秘密通信线路。同时，还有意识地将这一地区的无线电通讯增加到与一个集团军相称的地步。4月底的时候，蒙哥马利的前线指挥所已迁到了朴茨茅斯地区，但为了使欺骗更加逼真，将无线电信号通过陆上线路由朴茨茅斯传送至肯特，再从那里播出。

蒙哥马利的欺骗奏效了，狡猾的隆美尔也上当了。5月21日，隆美尔这样说："盟军的主要突击力量在英格兰南部和东南部集结，此事已再次为蒙哥马利的司令部位于伦敦以南所证实。"这样，直到6月5日，即进攻发起前一天，德军还认为"加莱海峡是受威胁的海岸"。伦德施泰特在这一天的报告中这样写道："斯凯尔特与诺曼底之间的主要正面仍然是敌人最可能进攻的地点。"

航空部队的活动也加强了这种欺骗效果。作为欺骗计划的一部分，皇家空军和美

∧ 盟军登陆舰艇向诺曼底进发。

国陆军航空队是按这样的程式进行空中打击的：每打击“海王星”区域的一个目标，必须打击加莱海峡方向两个目标。选择打击的铁路目标，均在“海王星”区域之外。为此，蒙哥马利特别感激执行这一欺骗任务的航空部队，因为许多飞机和人员是在打击非重要目标时损失的，他们所做出的牺牲均是为了让德国人上当。

进攻欧陆已是箭在弦上了。

6月1日前后，艾森豪威尔和蒙哥马利开始焦虑地察看气象情况。根据有关气象资料，在6月初，只有4天适合发动登陆作战。其理由是：

一、滩头上设置有大量障碍物，只有在退潮时才能排除。

二、排除这些障碍物至少需要30分钟。

三、为使海军的炮击与空军的轰炸充分产生效果，至少需要有1小时的白天时光。在某些情况下少些也行，但不宜要求更多的时间。

四、先头船只抵达滩头后，需要有3小时左右的涨潮。

　　考虑到这些因素，6月军事行动最早的时间只能是4日至7日。蒙哥马利认为6月5日是最好的日子，这也是计划中所确定的日子；6日也比较好；4日和7日条件则要差些。如果过了7日的话，下一个可能行动的时间将要推到两周以后。这样做，将是危险的，蒙哥马利可不想让如此良机一闪而逝。

　　6月2日，准备参加诺曼底登陆的一部分军舰已悄悄驶离原来港口，向预定集结地靠拢。那天晚上，艾森豪威尔同蒙哥马利两人去索思威克大厦就天气与气象专家们举行会议。尽管专家们对冰岛上空出现的低气压感到不安，但两人还是决定6月5日发动进攻，不作任何变动。

　　6月3日，艾森豪威尔与蒙哥马利再次举行气象会议。情况并不太好，冰岛上空的低气压已开始扩散南下，表明在今后一两天内，英吉利海峡上空不会出现他们所预期的好天气。他们决定进攻日期暂不变，待第二天上午再行决定。这时，已经又有几支护航船队出发了。

6月4日清晨，"霸王"作战的主要负责人举行会议。气象报告仍令人泄气。海军认为登陆是可能的，但有困难；空军主张推迟，因为空军的行动对天气依赖较大。蒙哥马利还是认为不宜推迟。艾森豪威尔经过权衡，决定推迟24小时，在6月6日凌晨发起攻势。这天傍晚以后，英吉利海峡上空出现了风暴。

6月5日早晨，几位指挥官又碰面了。气象部门预告风暴将会减弱，6月6日天气勉强还过得去。这以后会有几天好天气，再以后就要进入天气多变时期。据此，艾森豪威尔决定行动了。他一言不发地坐在那儿，闷头想了5分钟，然后站起来，面露春风地对蒙哥马利等人说："好，朋友们，我们干吧！"一个震动世界、影响战争全局的决定就这样作出了，不夸张地说，就在这一刻，希特勒德国的死刑判决开始宣读了。

6月6日凌晨，艾森豪威尔下达了攻击令，在欧洲开辟第二战场的战斗正式打响了。

到这时候，盟军为实施这次战役已积聚了相当可观的力量。在英伦三岛，集结了英、美、加等国陆军39个师，各类飞机13,000多架，其中8,000架为轰炸机，作战舰只1,200多艘，各类登陆艇和征用商船5,000多艘，陆海空三军总人数将近300万人。面对如此多的人员和物资，作为最高统帅的艾森豪威尔忍不住开玩笑说："幸亏大不列颠上空飘动着大量拦阻气球，英伦三岛才没有沉入海里。"现在，这样一支难以想象的庞大军队，将要去袭击一片小小的海滨地区，挤着去穿过蒙哥马利为他们指定的5个"针眼"——犹他、奥马哈、戈尔德、朱诺和斯沃德等登陆区。历史很快就证明，这是一个正确的决定。

在正式进攻发起前，也就是6月5日夜里，海军护航舰队就已出航了。海面上此时狂风呼啸，波浪滔滔，但这并不能阻止这支有史以来最强大的登陆舰队的行动。这个时候，距最后一名英国兵撤出敦刻尔克海滩，正好隔了4年。这支联合舰队的组织者拉姆齐将军，在4年以前组织了敦刻尔克撤退，从那时起，他就发誓要亲领舰队重返欧洲。这一天，他终于等来了。

在航渡的同时，盟国空军对敌方阵地实施了猛烈的轰炸。当他们返航时，装满了士兵的滑翔机和运输机迎着他们，向法国的方向飞去，准备在内陆实施空降。担任空降作战的是英第6空降师和美第82、第101空降师。空降过程中，犯了和西西里空降一样的错误。美第82空降师降落时大片大片地分散了兵力，第101空降师情况更糟，全师人员完全集合起来花了3天时间；英第6空降师也遇到了同样的问题。尽管如此，3个师的空降基本上成功了，在6月6日当天，他们夺取了大部分预定目标。

当空降部队着陆时，第一批登陆部队已抵近海岸。这时，已是6月6日拂晓。能见度较好，借着涨潮，扫雷舰驶近岸边，清除那里的障碍。这和设想的完全一样。

6月6日晨，盟军为大规模登陆实施了猛烈的炮火轰击，对德军前沿阵地进行了一番梳理。

∧ **盟军伞兵在诺曼底实施空降。**

大批的部队开始登陆了。

德军虽然知道盟军的进攻迫在眉睫，但事到临头还是猝不及防。这除了盟军的欺骗起了作用外，狂风大作的恶劣天气也麻痹了他们的神经。当盟军空降兵开始着陆时，防守塞纳湾的德第84军司令部里正在为军长举行生日晚宴；而防守诺曼底海岸的德第7集团军，到盟军登陆部队发起攻击时，才拉响战斗警报。德军的3名主要高级将领，也认为盟军不会在这种天气下试图登陆。隆美尔放心地离开了司令部，直到战役开始十几个小时后才返回。伦德施泰特和西线装甲集团军司令冯·施韦彭堡虽留守岗位，但他们受最高统帅部掣肘，无权动用战略预备队。经伦德施泰特反复请求，6月6日下午2时，才得到允许可以调动第12装甲师和勒尔装甲师开赴前线，但这已为时过晚。

黎明后不久，第一批盟军部队开始登陆时，海浪翻腾起伏，令人头晕目眩，寒风卷起层层浪花，拍打在士兵身上。德军坚固的混凝土工事使他们躲过了盟军猛烈炮火的打击，他们以为，这以后盟军士兵将会穿过波浪，在最易遭到攻击的部位跟跄上岸。可是，他们怎么也没想到，盟军的坦克会从海面上直接游上岸，向他们直冲过来。坦克装甲车一面引爆雷区地雷，一面作抵近射击。这些令德军大吃一惊的秘密武器，是霍巴特将军在他的第79装甲师里秘密研制出来的。霍巴特是蒙哥马利妻子贝蒂的哥哥。这些坦克在德军各种重火力还未及开火的情况下，就冲上了海滩，紧紧地缠住了德军守卫部队。德军那些准备大开杀戒的火炮，一下子被束缚住了手脚，无法施展。

在犹他滩头，美第4师收获很大。那里的登陆滩头在科唐坦半岛的背风处，登陆时所遇风浪较小，靠岸极为顺利。加之水位不高，滩头障碍物清晰可见，空军很准确地就拔掉了这些绊脚石。他们唯一的障碍是沼泽地和滩头缺乏出口，而不是敌人的顽抗。这天结束时，2.3万多人登上了岸，并开辟了一块很大的滩头阵地。

奥马哈滩头的形势却恰恰相反，原来预想的一次成功的进攻变成了一场求生的搏斗。造成这种情况有两方面原因：一、天灾，是因为这一地段海岸的态势使它成为一个明显的攻击点，德军为此重重设防，修建了大量能扫射滩头的坚固支撑点和战壕，在所有可能的出口处，都布上了地雷。加上登陆时风浪很大，登陆艇难以靠岸，对进攻者来说，非常不利。二、人祸，美军指挥官对这里存在的危险缺乏预见。也许是出于民族自尊心，他们对英国人的水陆坦克未予重视，在登陆时，他们仅仅使用了29辆水陆坦克，而实际上岸的只有两辆。登陆艇在离岸20公里之遥就下水了，士兵们受尽了颠簸，未等作战，就已筋疲力尽。上岸的士兵缺乏重火力掩护，使他们成了德军炮火射杀的目标。更可怕的是，德军在这里的防御力量非常强大。最初，守卫这里的是战斗力较弱的德第716师，但5月份以后，有迹象显示战斗力较强的德第352机动师正在向这里运动。可是，美军将领拒绝承认这一事实，认为这不可能。6月6日那天，第352师确实就在奥马

< 一起研究下步作战计划的蒙哥马利与布莱德雷。
> 从登陆舰驶出的卡车载运盟军士兵开赴前线。（右页图）

哈前线。战斗的最后结果，美军以伤亡3,000人的惨重代价，取得了一次小小的胜利，虽然3.3万人上了岸，但他们夺取的立足点却不大。

在戈尔德海滩的英第50师，也遇到敌人的拼命抵抗，但还是在下午将其4个旅全部送上了岸，并向内陆推进到离巴约不远的地方。

加拿大第3师在朱诺滩头的登陆也不顺利。在登陆中，约有90多艘登陆艇被毁，不过没有再现迪耶普惨剧。尽管由于打开通道的行动迟缓而导致海上交通不畅，但该师还是在装甲部队掩护下，取得了突破，在当晚，推进到卡昂至巴约公路上的布雷

特维尔、洛格约斯和卡尔皮克一线。这里距南面一个很好的机场很近。

　　斯沃德滩头登陆的情况，对蒙哥马利具有特别意义，他的诺曼底作战计划中的一个最关键的步骤将要受到考验，即德国人是否像蒙哥马利预计的那样使用装甲部队。情况和预料的一样，德军不敢进行坦克会战。结果，英第3师虽然在滩头上颇费了一些周折，到最后还是前出到乌伊斯特勒昂，与第6空降师取得了联系，并接管了该空降师所占据的运河大桥。

　　6月6日这一天，也就是被隆美尔预言为"决定性的24小时"、被艾森豪威尔称作"历史上最长的一天"，是如此漫长，无论对正在浴血拼杀的战士，还是对殚精竭虑的指挥官来说，都是这样。蒙哥马利是在他的朴茨茅斯指挥部的花园里消磨这一天的。早餐后，他还为英国广播公司灌制了一张唱片，内容是他给部队的文告。傍晚时分，他认定自己的位置应当是在诺曼底，于是他在夜里9时30分乘坐"福尔克诺"号驱逐舰，渡过了海峡。

　　诺曼底登陆的第二天，蒙哥马利的军舰抵达诺曼底海滩的外海面，他分别会见了

布莱德雷和登普西,商讨了战况和下一步的作战行动。

6月8日上午7时,蒙哥马利登上法国海岸,他把指挥所设在贝叶以东几英里的克勒利里小村庄的一幢别墅里。当他在这里第一次研究今后将采取何种作战形式时,总的战况令他还算满意。为了使他计划的战役建立在绝对可靠的基础之上,他强调了3个先决条件:一是将各个滩头阵地连成一条连绵不断的战线;二是保持至今还在盟军手里的主动权;三是在敌人积聚起足够的反击力量之前,在狭窄的占领区内建立起行之有效的后勤行政系统。当然,天气因素也是他所担忧的一个问题。

盟军的部队正在继续扩张战果,以达到"霸王"作战的第一阶段即"海王星"作战的目标。

蒙哥马利上岸后的第一个星期,一直在为夺取卡昂作准备。卡昂是一个枢纽要地,是巴黎的门户。首次进攻由第7装甲师担任。按照蒙哥马利的计划,英军对卡昂的进攻主要是把德军的装甲部队吸引住,使美军在他们的作战方向能够迅速进展。尽管这样,他内心深处还是渴望能够尽早拿下卡昂,他不想让一些不明真相的人说他只会进行守势作战,而不会突破。

牵制德军的目的达到了。德国的装甲部队果然像预期的那样开往卡昂,而且像预期的那样零零碎碎地投入了作战。但这样一来,蒙哥马利要想实现快速突破,尽早拿下卡昂就变得更加困难了。

由于英军方面吸引了德军主要力量,布莱德雷方面的进展就顺利多了。奥马哈滩头的美军正以非凡的能力向前推进,在科唐坦半岛底部发生了一场激烈的战斗后,美军进攻势头不减。

到了6月12日,盟军终于控制了一个长80公里,纵深约12~20公里的地带,具备了蒙哥马利所要求的实施下一阶段行动的第一个先决条件。接下来的几天,已上岸的盟军部队继续巩固和扩大滩头阵地。海上,盟军的运输舰队仍在日夜不停地向陆上输送兵力。到6月18日,已有20个师的部队计50多万人被送上诺曼底海滩。

诺曼底登陆的成功,打开了通往欧洲心脏的第二座大门,为第二次世界大战的胜利奠定了基础,同时也创下了世界战争史上的奇迹,在这一举世瞩目的成就里,蒙哥马利功不可没。

No.10 和平岁月

1945年5月8日午夜,德国正式向美、苏、英、法4国投降,在柏林举行的投降仪式上,凯特尔元帅代表德国政府在无条件投降书上签字。至此,欧战胜利结束。

对于蒙哥马利在第二次世界大战中的功绩,丘吉尔首相给予了极高的评价。他说:"该集团军群(指第21集团军群)之英名和第8集团军一样,必将永垂史册。他们的丰功伟绩,首先是他们的司令长官的品性、深谋远虑的战略和不屈不挠的战斗精神,实令我们的后代引为无上荣光。他从埃及经的黎波里、突尼斯、西西里和南意大利,经法国、比利时、荷兰和德国直达波罗的海和易北河,旌旗所指,战无不克,未尝有丝毫失误。"

战后,盟国在柏林成立了一个包括苏、美、英、法各一名委员的盟国管制委员会,负责指导德国中央政府如何管理这个国家。同时,德国被划分为几个地区,由4国分区占领。蒙哥马利于14日被任命为英国占领军司令和盟国管制委员会英方委员。

这一时期蒙哥马利的工作比战争时并不轻松多少,他把全部精力都放在了英占区秩序恢复和战后重建上。直至1946年1月26日,蒙哥马利接到通知,说其已被推选为帝国参谋总长,要求他于6月26日就职。能够出任英国职业军人的首脑,无疑是蒙哥马利军事生涯的顶峰,是莫大的荣誉。

在即将离任之际,蒙哥马利仍然关心着德国人民和英占区的发展问题,他进一步开展了非纳粹化活动,并着手逐步把管理和解决德国人的问题的责任移交给德国人自己。1946年5月2日,蒙哥马利离开了德国。临行前,他向驻莱茵地区英军军官发表告别演讲,他说,这一次的离去,使他黯然神伤,因为他的军人生涯到了再也不能指挥英国士兵的阶段了。

经过反复考虑,蒙哥马利决定出任帝国参谋总长后必须做好以下几件事:一是解决战后英国军队的组织问题,二是制订一个内容广泛的陆军战术概则,三是由他亲自掌握陆军,所有司令官必须听命于他。据此,他打算在上任后到1947年底巡视英帝国的各个部分,有些地方是以前的帝国参谋总长在任上从未去过的。

为了使自己的工作一开始就走上正轨,蒙哥马利打算在上任前先访问驻有英国部队的地中海国家,以掌握第一手资料。此次行程,定于6月22日结束。6月9日,蒙哥马利启程巡视,第一站是埃及。在那里,他接到时任印度总督韦维尔的邀请,飞赴德里做客,同他及驻印部队总司令奥金莱克讨论了一些紧迫的问题。印度之行耽搁了蒙哥马利的行程,当他按计划完成其他几国的巡视返回英国时,已是6月26日晚间,这时对他的帝国参谋总长的任命已生效12小时了。

蒙哥马利上任后,首先做的是同白厅的人打成一片,并尽力与工党政府的成员搞好关系。战争中的经验,使他充分认识到人际关系和谐所具有的建设性,也认识到了人际失和的巨大破坏力。在他任帝国参谋总长期间,他尽量使自己同艾德礼首相以及陆军部前后3任陆军大臣保持了良好的关系,煞费苦心地消除文职和军职人员之间的隔

> 蒙哥马利出任帝国参谋总长。

阁。比如，他注意同常务次官埃里克
结交，每星期一他们都在一起共进午
餐，商讨问题；在陆军部附近租了个
电影院，经常召集参谋和文职人员集
会，向他们介绍将采取的工作步骤和
陆军制订的总计划等等；此外，他还
积极关心下属的生活福利问题，协助
解决好单身军官的膳宿问题。这些使
他很快得到了大家的拥戴，为他在以
后任期内工作上取得顺利进展，打好
了基础。

　　战争期间，蒙哥马利曾指挥过
来自加拿大、澳大利亚、新西兰、南
非、南罗德西亚、印度和许多其他殖
民地及自治领的军队，战后，这些国
家的政府纷纷邀他前去访问，蒙哥
马利愉快地接受了邀请。这样，他不
仅可以同许多老战友在他们的家中
见面，也可同这些国家的军事当局
共同讨论一些问题。在任帝国参谋
总长期间，蒙哥马利先后访问了加·
拿大、美国、前苏联、印度、新加坡、
澳大利亚、新西兰、法属摩洛哥、冈
比亚、黄金海岸、尼日利亚、比属刚
果、南非联邦、南罗得西亚、肯尼亚、
埃塞俄比亚、苏丹和埃及等国，并分
别会见了艾森豪威尔、斯大林、尼赫
鲁、真纳、史末资等人，与他们进行
了愉快的交流并讨论了许多战后的
合作事宜。其中，非洲之行给蒙哥马

利对开发英属非洲殖民地的巨大价值，留下了深刻印象，他认为这种开发可以用来使业已衰落的英帝国在日趋激烈的世界潮流中卓有成效地进行竞争。可惜的是，英国对开发英属非洲似乎没有"总体设想"。为此，他还同英国殖民大臣发生了一次争执。

在蒙哥马利任参谋总长期间，所经历的最重要的事件应该是巴勒斯坦问题。1946年6月以后，巴勒斯坦局势恶化，犹太人秘密武装组织不断发起对英军的袭击，而英军则采取了相应的反袭击措施，局势逐渐向着失控的方向发展。工党政府采取怀柔政策，把一些被捕的犹太恐怖组织的负责人统统释放了，但是并未扭转局势。蒙哥马利对工党政府的做法不满，1946年11月，他飞赴巴勒斯坦，在那里，他认为对各种非法武装组织必须采取强有力的打击。他的这一主张再次与殖民当局意见相左。这时，发生了犹太人绑架和鞭笞几名英国官兵的事件，英国国内群情激愤。在这种情况下，蒙哥马利的意见占了上风。

在帝国参谋总长任内，最使蒙哥马利头痛的还是为不使陆军衰落而与政府的争执。这一争执，终于使他成为白厅里多数人所讨厌的对象。

战争结束后，英国陆军由于大量复员造成兵员不足。蒙哥马利认为这是危险的，建议在和平时期实行国民兵役制。经过在政府内一番面红耳赤的争论，终于使政府通过了和平实行国民兵役制的法案，服役期为18个月。这一法案提交议会通过时，遭到抵制。为防止出现政治危机，已身为国务大臣的亚历山大提议将服役期减为12个月。结果法案获得通过。但蒙哥马利认为12个月服役期，在军事上是不妥当的。1948年，"柏林危机"出现，西方国家同苏联的战争大有一触即发之势。这时，鉴于兵力不足，英国政府提出暂停复员6个月。蒙哥马利认为，一面停止复员，一面又准备实施国民兵役法，显然不合逻辑，唯一的解决办法是把复员同服役2年的国民兵役制结合起来。1948年10月19日，为使自己的主张获得通过，蒙哥马利采取了非常行动。他召集陆军委员会的所有军方成员开会，问他们，如果政府作出的决定少于18个月，他们是否愿意在他带头之下集体辞职。众人一致同意。蒙哥马利立即以此向政府提出条件，结果他再次成功了。在他11月份离开英国出任西方盟国军事委员会主席后不久，他的继任者斯利姆终于获得政府批准18个月服役期。但是，蒙哥马利为此在政府里得罪了许多人。

这时期，蒙哥马利还同老朋友亚历山大交恶。为削减国防开支，国务大臣亚历山大决定压缩三军军费，遭到了三军的一致反对。陆军所受到的限制更为严重。为此，蒙哥马利同亚历山大展开了激烈的交锋，两人的关系越来越紧张。1948年7月15日，在一次令人特别恼怒的会议之后，蒙哥马利对第一海务大臣和空军参谋长说："亚历山大是个不中用的人。"他要求他们同他一起去见首相，罢亚历山大的官。没想到，他们都一口答应了，但事后又觉得不妥，终于没有成行。于是，蒙哥马利就单枪匹马地去了，致使

这对老朋友终于成了死对头。

　　亚历山大被蒙哥马利气得七窍生烟，他决定反击，他说，他要撤掉蒙哥马利。这样，亚历山大积极倡议西方联盟5国国防大臣在巴黎开会。这次会上，提出成立西欧联盟各国陆海空军总司令委员会，蒙哥马利被任命为常任主席。这是一项蒙哥马利不可拒绝的任命，但他还是提出了两个条件：一是他仍是一名英国军官，他的名字仍留在陆军部花名册上；二是如果爆发一场新的世界大战，他将不担任最高统帅。他的条件得到了满足。亚历山大终于挤走了蒙哥马利。

　　但两人的争吵并未停止，在10月份，即蒙哥马利参谋总长任期的最后一个月里，他继续同亚历山大争吵，而且吵得比以往更厉害。最后，他带着余音未绝的争吵结束了任期。多年以后，他在回忆这一段历史时，不无遗憾地说："白厅是我最不愉快的一个战场。""在我离开白厅成为国际军人的时候，我已是一个非常不受欢迎的人了。"

　　西欧联盟各国总司令委员会的总部（简称"联总"）设在法国枫丹白露。1948年11月，蒙哥马利来到这里，正式就任联总常务主席，这是他最后10年军人生涯的开始，这时候，他已经62岁了。如果说他同妻子贝蒂共同生活的10年，是他一生中最幸福的10年，那么这个10年则是他一生中最为轻松的10年。尽管他头上有着各种金光闪闪的头衔，但实际上他已远离了权力中心，因此，尽管他那至死难改的个性使他仍不断同其他人发生摩擦，但却很少惹起大的纠纷。在担任联总主席期间，蒙哥马利所做的重要的一件事是提出吸收西德加入西欧联盟。他的这一建议因法国的激烈反对，一直拖到1955年才付诸实现，即西德在那一年成为北约正式成员国。

1949年4月，《北大西洋公约》签订，联总被欧洲盟军最高司令部取代，艾森豪威尔再次成了他的上司，担任了总司令，蒙哥马利则为副总司令。但他的这一职务实际是个虚职，名义上总司令不在时，由副总司令负责，但实际上参谋长履行真正的副总司令的职责。蒙哥马利显然无意去为自己争取了，一方面是由于他对这种非纯军事领域的权力不感兴趣，另一方面他当时的主要任务是抓训练，而训练正是他的拿手好戏，他也乐此不疲。由于将主要精力扑在训练和演习上，蒙哥马利不得不经常来回奔走，穿梭于北约成员国之间。他同这些国家都建立了良好的关系，包括美国。唯一的一次例外是他当着美国人的面说"航空母舰已经过时"，引起了美国人的一些不满，但很快就过去了。

蒙哥马利的穿梭访问，使他事实上成了某种非官方使节，而他本人也喜欢以这种非官方使节的身份推行北约重要政策。1953年和1954年，他曾两度作为铁托的客人访问了南斯拉夫。后来，他还打算去访问西班牙，但因北约对西班牙态度复杂，最终没有获准成行。由于是个闲职，蒙哥马利日子过得轻松自在。他已经老了，也无心谋求什么提升，而且他收入颇丰，衣食无愁，人生走到这里已经几乎圆满了。他所想的唯一的事就是服满50年役，成为英国军队中服役期最长的人。

1958年，蒙哥马利已是71岁高龄了，但依然身板硬朗，精神矍铄。在他正式退休以前，他以充沛的精力组织了一场代号"cpx8"的军事演习，而后频频出访各国，表达告别之意。从5月份到9月份，他先后访问了加拿大、西德、荷兰、葡萄牙、挪威、南斯拉夫和法国。9月14日，他还到尼斯参加了丘吉尔的金婚纪念活动。4天以后，即9月18日，他正式告别了军队。英国陆军委员会为他在切尔西举行了盛大的告别宴会。

从1907年进入桑赫斯特军校学习，到1958年退役，蒙哥马利的戎马生涯长达52年。在英国陆军历史上，只有上个世纪的罗伯茨将军的服役年限可以和他媲美，但罗伯茨中间曾有一段离开军队。这令蒙哥

马利非常自豪，不无得意地说："据我所知，我的服役时间超过了威灵顿、马尔巴勒和蒙克。"这3位都是英国历史上最伟大的将领。

蒙哥马利退出现役后，并没有退出公众生活，他还不打算这么早就在家里养老，靠侍弄些花草鸟木了此余生。这不是他的风格，他是永远不会安分的，除非他不得不如此。1958年至1968年，是蒙哥马利生命中又一个特别的10年。这10年里，退休的陆军元帅的活动主要集中在3个方面：

一、撰写著作和去广播电台和电视台向观众演讲。这期间，他先后撰写的著作有：《蒙哥马利元帅大战回忆录》(1958)、《正确判断的方法》(1959)、《领导艺术之路》(1961)、《三个大陆》(1962)和《战争史》(1968)。

二、周游世界各国，并以一个有影响力的局外人身份发表见解。在这些活动中，他表现出了一个高龄老人所罕见的充沛精力和敏捷思维。1959年4月，访问苏联，同年11月，访问南非。1960年，访问印度、中国。1961年，二访中国，随后访问加拿大和中美洲。从1962年到1966年，他每年初都要去南非访问。1967年，他去埃及凭吊了旧战场，这是他最后一次海外之行。

需要指出的是，蒙哥马利对中国进行的两次访问非常有意义。由于西方国家对中

国的封锁，对当时大多数西方人来说，中国是非常神秘的。蒙哥马利本人当时也一度对新中国抱有敌视和怀疑的态度，他在1958年撰写的《回忆录》中曾说："在远东，倘各国恐惧外来威胁的话，那是中国而非俄国。"1960年，蒙哥马利访问印度时，突然心血来潮想瞧瞧中国这个他眼里神秘的国度，于是从新德里向北京发出了访问请求，中国政府热情地接受了。

　　1960年5月24日，蒙哥马利由香港抵达广州，在人民国防体育协会主席李达上将陪同下，于当日中午乘机抵达首都北京。下午，他分别参观了北京站、民族文化宫和北京其他一些新建筑。国务院副总理陈毅元帅接见了他，并设晚宴盛情款待远道贵宾。25日白天，周恩来总理同对外贸易部部长叶季壮分别接见了蒙哥马利。这一天，蒙哥马利还观看了中国人民解放军的跳伞表演和滑翔机飞行表演，参观了北京第二棉纺织厂。两天的访问参观，新中国给蒙哥马利留下了深刻印象，改变了他原来的敌意和怀疑。25日晚，在周恩来总理举行的欢迎宴会上，他表示，回国后将尽个人所能促使英国政府同新中国保持良好关系，并说，他将努力纠正西方世界普遍存在的对新中国的错误认识。5月27日，蒙哥马利离开北京前往上海访问。在上海，蒙哥马利就台湾问题发表了自己的看法。他说，作为一名理智的军人，他一贯认为世界上只有一个中国，中

∧ 蒙哥马利访华时与中国百姓合影。

国政府在北京，台湾是中国领土的一部分。当天晚上，正在上海视察工作的毛泽东主席接见了蒙哥马利并同他共进晚餐。28日，蒙哥马利在李达上将和国家体委副主任荣高棠陪同下乘机南下广州，而后取道香港回国。临行前，他愉快地接受了1961年9月再次访问中国的邀请。

　　1961年9月，蒙哥马利再次来到中国。这一次访问时间比上一次更长，访问地方比上一次更多，对中国的了解也更加深刻。从9月9日起，他先后参观访问了包头、延安、西安、三门峡、洛阳、郑州和武汉等地，受到各地党政军负责人的热烈欢迎和亲切会见。9月20日，他返回北京，又受到党和国家领导人多次接见。陈毅元帅为他举行宴会

 蒙哥马利去世后，享受到了国葬待遇。

并陪同参观故宫；周恩来总理两次接见他；9月22日，国家主席刘少奇同他会见；9月23日和24日，毛泽东主席又两次接见了他。半个多月的访问，加深了他同中国人民的感情，他真诚地说，中国人民已经掌握了自己的命运，他们是坚强团结的，他们12年来在毛泽东的领导下，在国家建设上取得了辉煌的成就。在这一次访问中，蒙哥马利提出了著名的缓和国际紧张局势的3项原则，即：大家都应当承认一个中国、承认两个德国、一切地方的一切武装部队都撤退到他们自己的国土上去。他还特别补充说，他所指的中国是中华人民共和国，他一向认为台湾是中华人民共和国的一部分。这是蒙哥马利对战后国际问题看法的一大发展。在那个时代，作为一名西方有影响的人物，他

的这一认识是难得的真知灼见。

三、积极参与国内政治。在蒙哥马利的职业军人生涯里，他只关心军事问题，对政治事务一向漠不关心。从军界退出后，他可能感到自己的经验是一笔财富，决心利用它在国内政治中发挥作用。1958年，他同保守党结盟，并成为上议院议员。在上议院里，他讲话从来都无所顾忌，成了引人注目的人物。但遗憾的是，他同政治无缘，多数人认为，在严肃的政治问题方面，蒙哥马利是个无足轻重的人物。

退出军界和高龄似乎并未使蒙哥马利古怪的性格有所变化。私生活中，他依然是那样我行我素，远离人群。他的大多数闲暇时间，被用来观看各种体育比赛，尤其是球类。这是他孩提时代就养成的兴趣，也是他少得可怜的爱好之一。他一个人住在伊辛顿庄园，拒绝家人来照顾他，只有儿子戴维是少数几个来访者之一。

1964年以后，蒙哥马利的身体状况开始变坏。这一年做的背部手术，使77岁的蒙哥马利开始变得虚弱。第二年，他因身体不适，没有参加每年必到的阿拉曼联欢会。后来，医生诊断他患有轻微的心脏病。1967年，埃及之行使他的老态再也不能掩盖。1968年初，不甘寂寞的蒙哥马利终于在健康状况面前低下了头，被迫放弃了大部分公职，并宣布不再参与公共事务。在参加完当年的英国国会开幕仪式后，他退出了公共生活，在人群中消失了。

1976年3月25日，年届90的蒙哥马利与世长辞。

这个世界不再有伯纳德·劳·蒙哥马利了。但人们永远不会忘记，曾经有个人名叫伯纳德·劳·蒙哥马利。

L.Louis Mountbatten

皇室血统的英雄

蒙巴顿

他是英国温莎王室家庭的出身。
他的军旅生涯可谓一帆风顺，
他42岁便被授予海军中将。
他蔑视日本，
他维护英印关系，
他推出举世闻名的"蒙巴顿方案"，
他保全了英国在印度的长远利益……
他是路易斯·蒙巴顿。

No.1 贵 族

　　1900年6月25日，路易斯·蒙巴顿出生于英国温莎的王室家庭，他的外祖母爱丽丝是欧洲祖母——英国女王维多利亚的女儿。父亲巴登堡亲王路易斯，原系德国王室成员，后放弃德国国籍，参加英国皇家海军，曾任英国皇家海军参谋长兼第一海务大臣。母亲为赫茜·维多利亚公主。蒙巴顿是两人的第四子。皇室成员的出身给蒙巴顿带来了难以想象的机遇以及天然的阻力。例如，在英国剑桥大学读书时，他可以随时邀请到丘吉尔到他所在的俱乐部演讲；而他的每一步晋升都会招致各种各样的猜测和议论。那些久经风浪的皇家海军官兵们背地里曾这样议论：

　　"难道要把价值数千万英镑的战舰交给一个生下来就带有军官臂章的皇家小崽子吗？这太不可思议了！"蒙巴顿必须用自己的行动证明，他不仅能够指挥一艘战舰，而且的确比其他皇家海军军官更优秀，可以超越他们而成为海军元帅。蒙巴顿做到了，他一向为自己的皇家血缘感到荣耀，难能可贵的是，他为英国带来了更大的光荣。

　　1913年9月，13岁的蒙巴顿进入奥斯本皇家海军学校学习。次年10月，其父因原籍为德国，于第一次世界大战爆发和英德宣战后，被迫辞去在英国海军中的职务。1914年末，由于达特茅斯皇家海军学院的高年级学员提前毕业参战，蒙巴顿和他的海校同学转入该院学习。1916年初，蒙巴顿以优异的成绩从达特茅斯皇家海军学院毕业，并于同年7月被分配至贝蒂上将的旗舰"雄狮"号战列巡洋舰上见习。也许是出于皇室背景的原因，更可能是海军对路易斯亲王的尊敬，使得蒙巴顿分配到了这个令其他同学都万分羡慕的工作岗位。"雄狮"号是英国皇家海军中第一流的军舰，装备着当时最具威力的13.5英寸的舰炮，航速27节，曾经参加过在北海进行的所有海战。当作为海军军官候补生的蒙巴顿登上这艘著名的战舰时，他看见了布满弹痕的舰体和崭新的前炮塔，这是英勇战斗留下的光荣标记，旧炮塔在一次海战中被德国的炮弹彻底摧毁，炮组

∧ 青年蒙巴顿。

∨ 海军少将蒙巴顿一身戎装。

成员全部阵亡。然而，刚刚感受了毕业分配的欣喜没几天，蒙巴顿就遗憾地发现，"雄狮"号实际上已经打完了最大的一仗。因为，日德兰海战后，德国公海舰队便再也不敢向皇家海军挑战了。

在第一次世界大战中，蒙巴顿并没有亲历实战。1917年4月，美国加入战争，当美国海军加入到皇家海军这一边后，德国的水面舰队就更不敢出来挑战了。不过，蒙巴顿还是找到了更具实战性的岗位。1918年，蒙巴顿转役K-6潜艇。不要说与现代潜艇相比，就是与它的对手德国U型潜艇相比，K-6潜艇都显得低劣很多。但蒙巴顿却认为，在北海下巡逻要比在超级无畏战舰上服役更激动人心，在潜艇里更能给他一种参与战争的感觉。不久，蒙巴顿晋升为海军中尉，并奉命指挥皇家海军舰艇P31号。P31是英国皇家海军最小的快艇之一，专门用来对付德国的潜艇，为开往法国的运输船护航。蒙巴顿很快便爱上了这艘快艇，当艇长不在舰桥上时，18岁的蒙巴顿就担负起指挥全艇的责任。当其他年轻军官们坐在船舱里闲聊时，蒙巴顿却总是在写着他的工作笔记。1912年2月，一个新艇长卡特少校调来了。蒙巴顿在他的笔记里写道："他为人非常好，我说什么他做什么。但有一次，他突然发了火，对着麦克风咆哮说：'中尉，你是一头喝血的驴子。'"这次受辱，教会了蒙巴顿以后从不当众辱骂他的下级军官。卡特后来也没有把它当回事，他在给蒙巴顿的鉴定中写道："他是一个最热情能干的指挥者，非常善于和人打交道。"在蒙巴顿的一生中，从未有写得不好的鉴定。"雄狮"号舰长查特菲尔德称他是一个"非常有前途的年轻军官"，"伊丽莎白王后"号舰长的评语是"认真、勤奋，相当聪明"。然而，他被人们普遍认为是一个埋头苦干的人，但缺少一种伟大、卓越的东西。总之，正是在将近一年的P31快艇上的服役生活，锻炼了蒙巴顿独立指挥的能力。

1919年，蒙巴顿奉命进入剑桥大学切斯特学院补习大学课程。他是学生会辩论委员会委员，曾在辩论比赛中领导剑桥大学队力克牛津大学队，能言善辩蜚声全校。1920年3月，蒙巴顿晋升海军上尉，并随即作为威尔士亲王的副官陪同远航出访。在7个月的时间里，蒙巴顿陪同威尔士亲王访问了美国、加拿大、新西兰、澳大利亚和太平洋里的许多岛屿。通过这次出访，蒙巴顿不仅熟悉了他以后将要生活和战斗的地方，而且还与他的皇室表兄威尔士亲王建立了牢固的友谊，并利用出访机会组织拍摄了英国第一部军事教育片。威尔士亲王在回忆录中写道："19岁的迪基精力充沛，干劲十足，他鼓动我与他一块做了很多官方计划以外的事情。"

20世纪20年代初的皇家海军正处于困境中。随着和平时期的到来，英国政府颁布了大量裁减军费和人员的命令，在上尉这一级别的军官中共有350人被解职。截至

1923年底，蒙巴顿52%的同级海校同学都要离开海军。后来，当有人问起裁减委员会的委员柴尔菲尔德，为什么蒙巴顿没有被裁掉时，柴的回答是："在委员会工作的人所遵循的唯一原则是：以是否对海军有益来取舍。我了解蒙巴顿，并且认为留下他对海军有益。"

1923年1月，蒙巴顿奉命前往"复仇"号无畏战舰服役。随着洛桑公约的签订，土耳其危机得到解决，"复仇"号又返回马耳他。1924年9月，在蒙巴顿的请求下，他被同意派往朴茨茅斯皇家海军通讯学校学习远程联络方面的课程，并于1925年进入格林尼治皇家海军学院深造。结业后，蒙巴顿就任地中海舰队通讯军官，1931年被任命为地中海舰队无线电联络官，1932年晋升海军中校，并于两年后担任了"勇敢"号驱逐舰舰长，1936年调往海军部工作，次年晋升海军上校。1938年，蒙巴顿又被送往奥尔肖特高级指挥官学习班深造，并在此结识了后来在"二战"期间与之合作的许多将领。1939年8月，蒙巴顿就任"凯德"号驱逐舰舰长。第二次世界大战爆发后，蒙巴顿率领该舰多次参加战斗，但于1941年5月被德军飞机击沉。1941年10月，蒙巴顿晋升为海军准将，其官方头衔是英军两栖联合部队负责人，负责筹划两栖登陆作战。1942年3月，蒙巴顿被授予海军中将的战时军衔，并获得陆军和空军的荣誉中将军衔，同年8月，指挥对法国西北部迪耶普港的登陆作战，但是遭到失败。1943年8月，美英首脑在加拿大魁北克举行会议，决定组建东南亚盟军司令部，由蒙巴顿出任最高司令，10月，蒙巴顿前往印度德里上任。

在1943年以前，蒙巴顿从未有过显赫的战绩，但是仍旧平平稳稳地晋升到了海军中将的军衔，不能不说是受到了皇室背景的荫庇。然而，蒙巴顿在东南亚战场上取得的胜利，却真真切切地给他带来了无比辉煌的荣誉。

No.2 扬名东南亚

为会同中美军队反攻、收复缅甸，达到重新打通中国对外交通线，同时保证英属印度不被日军占领的目的，英皇乔治六世、英国首相丘吉尔分别于1943年9月23日、10月2日致电蒋介石，推介时任东南亚战区盟军总司令的蒙巴顿赴重庆会商成立"东南亚盟军统帅部"，以便同中国战区在军事上进行协商，取得一致意见，达到协同作战的效用。

1943年10月16日，刚刚就任东南亚战区盟军总司令的蒙巴顿便偕其随从人员抵达重庆，开始了与蒋介石及中国国民政府最高军事当局商讨中英军事合作诸多事宜的中国之行。在重庆会谈期间，蒙巴顿先后拜谒并访问了英国驻华军事代表团团长孔士德、英国驻华大使薛穆、美国驻华大使高思、美国中缅印军总司令、中国战区参谋长史迪威及其他各国驻华军事代表，以及中国国民政府军事委员会参谋总长何应钦、外交部长宋子文、财政部长孔祥熙等，并与他们就双方军事合作的问题先行交换了意见。10月18、19日，蒙巴顿数次与蒋介石会晤，就中国战区与东南亚战区范围的划分、英美中三方军事合作、反攻与收复缅甸、中国远征军指挥权的归属等问题，反复交换意见。会谈时中方出席的有宋美龄、何应钦、商震、刘斐、林蔚、董显光等，英美方面出席的有索摩维尔中将、史迪威中将、格立斯但尔少将、考白旅长、霍格斯海军上校、陶白逊中校等。

三方经过协商，达成了以下协议：

1. 一致同意中国方面提出的1944年1月中旬反攻缅甸的建议；

2. 中国方面同意由蒙巴顿统率在缅作战的全部中国军队，史迪威将军副之；

3. 为加强东南亚战区与中国战区的合作，决定由蒙巴顿派遣魏亚特将军，作为丘吉尔首相的私人代表，也作为蒙巴顿将军与史迪威将军的下属，长驻中国战区司令部内，负责两战区的联络工作。同时，中国战区也派遣一名高级军官赴东南亚战区司令部担负同等任务；

4. 同意由中国战区与东南亚战区司令部派出共同代表，组成"英美中参谋会议"；

5. 入缅部队之给养，"由西面入缅之部队应由印度给养，由中国入缅之部队应由中国给养"；

6. 由英美方面帮助中国方面加强情报组织，以加强对敌情报工作，便利盟军作战。

蒙巴顿将军的这次访问重庆，时间虽短，但取得的成效颇多；中英双方的会谈气氛也较先前的历次会谈融洽和谐。它是第二次世界大战时期中英军事合作的里程碑，也为当时颇受阻滞的中美、中英关系注入了一剂润滑油。对于会谈取得的成果，中英双方都感到满意，蒙巴顿将军更是将10月19日称作"历史上之纪念日"。10月20日，蒙巴顿一行离渝返印。

蒙巴顿中国行所达成的合作协议，直接促成了盟军在东南亚战场的全面胜利。在英美中印军队的协同进攻下，日军全面败退。1944年3月至7月，蒙巴顿指挥英印军队取得了英帕尔战役的胜利。1945年初，盟军开始反攻缅甸，在蒙巴顿的指挥下，经过曼德勒、敏铁拉等激战，于5月初收复仰光，9月，日军在新加坡宣告投降。

为了奖赏蒙巴顿在整个战争期间的功劳，特别是他指挥英印军队在缅甸击败日军的辉煌业绩，英国首相艾德礼向英王提议，授封蒙巴顿为"缅甸蒙巴顿伯爵"。英王乔治为王室成员中能有人凭借自己的功绩而获得这个荣誉感到特别高兴。由于蒙巴顿没有儿子，英王还作了一个不同寻常的决定——准予蒙巴顿的女儿们继承爵位，以免使这一荣誉在蒙巴顿身后中断。蒙巴顿听到这一喜讯后万分高兴，但同时也夹带有丝丝伤感。因为，他对从父辈那里继承下来的"路易斯勋爵"的称号抱有终生的留恋，有着近乎迷信般的情感，认为它给自己带来过许多好运。然而，当更高一级的荣誉到来时，他还是选择了靠自己能力获得的爵位，毫不推辞地接受了"缅甸蒙巴顿伯爵"的授封。

No.3 强硬的对日态度

在"二战"中盟国的所有高级将领中，蒙巴顿对日本的态度是最强硬的。他认为，如果对日本人手软，将会犯严重的错误。因此，蒙巴顿在战后曾访问过许多国家，唯独没有访问过日本，而日本人也不欢迎他。在日本受降这一问题上，蒙巴顿从一开始就与总负责这件事的美军麦克阿瑟将军有着不同的见地，他担心如果不能使日本人遭受彻底失败的耻辱，即把他们打回老家去，日本领导人将会利用没有给他们以粉碎性打击这一事实向他们的人民灌输下述思想：日本是被科学而不是在战场上被击败的。蒙巴顿表示："一般来说，我不是怀有报复心理的人。然而，我总是感到，如果我们对日本的领导人不强硬，他们最终还会卷土重来，再发动一场战争的。"蒙巴顿在给一位私人朋友的信中，态度更加强硬。他认为，战争应当一直进行下去，直到日本天皇本人亲自到马尼拉（麦克阿瑟进入日本之前的司令部曾设在那里）来投降。这样做将会使战争再延长2~3个星期，也许再动用原子弹，但是他认为，这样做"将会永远地摧毁现在看来被挽救下来的日本封建主义和军国主义机器"。对此，麦克阿瑟将军看法不同，麦克阿瑟认为，缴械投降是一种古老的做法，"将导致败方的丢脸和丧失信念"。对麦克阿瑟居然要亲自跑到日本，接受其领导人在很少有下级在场的情况下投降的做法，蒙巴顿不以为然。他坚持在他的战区内，日本投降应由所有的日方高级将领在他们自己的部下面前，举行正式的签字仪式；而且，一定要当场象征性地对他们缴械，并将这些佩刀、枪支等作为战利品分发给在场的盟军军官和军士。

蒙巴顿果然是这样做的。1945年9月12日，东南亚盟军司令部的正式受降仪式在新加坡举行。由于日本南方军总司令寺内寿一元帅事先被告知了仪式的程序，忍受不了这种格外的侮辱而称病不去，由板垣大将代其参加仪式。这一天，板垣率领缅甸方面军司令官木村、第3航空军司令官木下、第18方面军司令官中村、南方军总参谋长沼田、第10方面舰队司令官福留以及第2南遣舰队司令官柴田等高级将领来到新加坡特别市政厅，他们当场解下佩刀，双手递交给盟军军官，然后在投降文件上签了字。板垣等几位日军将领在签字后，走上前去，想与身着笔挺白色皇家海军上将制服的蒙巴顿握手寒暄，被蒙巴顿断然拒绝。事先，所有将要参加仪式的盟军军官都得到通知：无论对方怎样主动，所有人不得与日本人握手。"接着，我命令他们离开市政厅。"蒙巴顿在当天的日记中写道："我一生中从来没有见过如此令人厌恶、恶心和野蛮的脸。一想到如果在他们的统治下世界将会是什么情景，我就感到不寒而栗。当这些日本人离开座位，蹒跚地走出去的时候，他们看上去就像是一群猩猩，穿着布袋一样的马裤，膝关节几乎拖到地面……"

受降仪式结束后，蒙巴顿乘车"穿过密集的人群，在无尽无休的雷鸣般的欢呼声中"返回几公里外的英军司令部。不过，他对当地居民真诚祝贺反法西斯战争胜利的欢呼声却理解错了："我想，这一情景生动地体现了新加坡人民欢迎英国重返的心情。"正像一位英国传记作家后来所评论的那样："如果不是感情激动，蒙巴顿是不会对人群的热情发出以上有政治倾向性的见解。但是，在胜利的时刻，他的失言应该是可以谅解的。"

No.4 被爱情包围

出身英国温莎王室的蒙巴顿英俊又潇洒，喜好社交，广结朋友，并频频出入于各种社交场所。1920年的某一天，年轻的蒙巴顿在伦敦的一次传统舞会上，结识了婀娜多姿、聪颖敏锐的埃德温娜·安夏理小姐，她是英国最著名的财政家欧内斯特·卡塞尔爵士的孙女。两位情窦初开的年轻人一见钟情。1922年，这对情人缔结良缘。婚后的蒙巴顿与埃德温娜生活得非常甜蜜。第二次世界大战期间，蒙巴顿在东南亚前线浴血奋战，埃德温娜领导一支由6万名护士组成的救护队协助救援，这支救护队是英国当时最庞大的救死扶伤组织。1945年9月，日本无条件投降后，蒙

巴顿被授权在新加坡代表盟国接受东南亚60多万日军的投降，而埃德温娜则负责12万盟军战俘的遣返工作。1946年6月，蒙巴顿夫妇携手回到伦敦。但是，戏剧性的一幕却又发生了。

1947年2月，蒙巴顿被英国政府委任为驻印度总督，办理印度独立前政权移交的相关事宜，埃德温娜陪同丈夫赴印走马上任。在印度，他们与圣雄甘地是最亲密的朋友。埃德温娜利用总督夫人的身份在印度的医务界、慈善机构做了很多有益的工作，并与印度的上层社会相处得十分融洽。就在此时，一位当地的政治家突然闯入了蒙巴顿夫妇平静的生活，他就是尼赫鲁。

蒙巴顿在"二战"期间出任东南亚盟军统帅时，就在新加坡结识了尼赫鲁，就任印度总督后，双方的交往就更加密切了。特别是在圣雄甘地遇刺身亡和印度获得独立后，尼赫鲁作为印度的第一号人物、政府总理，视蒙巴顿夫妇为最可靠的朋友，蒙巴顿夫妇也是尼赫鲁家中的常客。这种频繁的交往，却悄悄地滋润着一种新的情感：尼赫鲁和埃德温娜都不由自主地爱上了对方。1948年5月13日，当尼赫鲁陪同蒙巴顿夫妇驾车前往西姆拉乡间度假时，尼赫鲁发现自己对埃德温娜的爱已变得不可控制。事后，尼赫鲁在写给埃德温娜的信中坦诚："我们之间有一层更深的爱慕，某种无法抑制的力量把我俩吸引在一起。"埃德温娜对尼赫鲁也是含情脉脉。作为叱咤风云的英军名将，蒙巴顿一生经历了无数次残酷的战争，凭借军人敏锐的嗅觉，他不可能不知道自己的夫人与一位异性交往已超越常规。然而，就是在这样一个特殊的"战场"上，面对自己最爱的妻子和亲密的老友，蒙巴顿以一种不同寻常的胸怀和气度，同样显得自信和镇定自若，因为他相信，自己的妻子与尼赫鲁之间只是一种精神上的恋爱。或许真的是缘于自信，或许是站在宗主国地位而表现的宽宏大度，更有可能是着眼英国与印度双边关系的需要，不论出于哪种原因，蒙巴顿对妻子和尼赫鲁"超越友谊"的交往并未加以干涉。1948年6月23日，蒙巴顿在完成了其最后一任英国驻印度总督的使命后偕夫人乘专机回国，在伦敦机场，蒙巴顿夫妇受到了隆重的欢迎礼遇，英国首相艾德礼亲自在机场迎接，并高度赞扬了蒙巴顿在印度期间的出色工作。

但是，埃德温娜与尼赫鲁之间的关系并未就此结束，双方的交往持续了10多年，直至埃德温娜不幸去世。蒙巴顿甚至发现，由于埃德温娜对尼赫鲁的好感，她的脾气也变得越来越好，比之前更显得温顺、亲切，给家庭生活带来了另一种快乐。蒙巴顿在回忆录中透露，埃德温娜在他面前从不掩饰对尼赫鲁的好感。1952年，埃德温娜写信给蒙巴顿，请求他代为保管尼赫鲁写给她的全部私人信件。可以看出，埃德温娜认为自己相当了解蒙巴顿，她认为自己与另一位男子的暧昧关系，不会影响

∧ 在缅甸指挥作战的蒙巴顿与美军将领史迪威。

到她的家庭和伤害对丈夫的忠贞。而同时，蒙巴顿对妻子的爱也从来没有动摇和减弱过。据说，蒙巴顿也给埃德温娜写过一封不可捉摸的信，在信中他写道："我很高兴你知道我了解，并经常获悉你和尼赫鲁有一种特殊关系。由于我对他的喜爱和钦佩，加之我存在诸多缺点，我尚不知道什么叫妒忌，这就是我为你们往来提供方便的原因。"1960年初，埃德温娜又开始了她一年一度的东南亚旅行。在旅行途中，由于劳累过度，埃德温娜在睡梦中突然逝去。噩耗传来，蒙巴顿为之心碎。一年后，他对一位密友无限伤感地说："现在，除了工作，对我来说，什么也不存在了。"然而，蒙巴顿毕竟还是凡人，他对妻子与尼赫鲁之间的亲密往来，依然是存有猜疑的。埃德温娜刚刚去世不久，蒙巴顿就迫不及待地让女儿帕梅拉仔细查阅了尼赫鲁写给埃德温娜的全部信件。他无法放下的依然是：妻子和尼赫鲁之间的亲密关系，是否真的只仅仅停留在柏拉图式的精神恋爱范围内？这种反应，似乎更接近人之常情。

No.5 "蒙巴顿方案"

第二次世界大战结束后，印度的民族解放斗争进入了最后的冲刺阶段。迫于形势的压力，英国政府不得不作出移交印度政权的决定，以便尽可能地保存英国在印度的经济地位和政治影响。这一历史性的重任便落到了前盟军东南亚战区最高

> 1922年7月18日，蒙巴顿步入了婚姻的殿堂。

<　印度总理尼赫鲁。
>　在新德里，印度最后一位总督蒙巴顿
与夫人合影留念。（右页图）

统帅蒙巴顿的身上，并借此推出了举世闻名的"蒙巴顿方案"。

　　1942年3月，英国政府曾派掌玺大臣、下院领袖克里普斯前往印度，许诺战后给予印度自治领的地位。克里普斯到达印度后，即提出了英国对印提案，也就是"克里普斯提案"。其内容是：英国与印度磋商后，决定发表使印度在最短时期内成立自治政府的提案，提案的内容是建立新印度联邦，使之成为自治领，其地位与英国本国及其他自治领各国相等，不论在内政和外交上，均不隶属他国。但方案中又提出，英属印度的土邦有权不加入新建立的印度联邦，这就使得有可能在印度原有土地上建立两个，甚至两个以上的政治实体，从而为印度的分裂打开方便之门。同时也意味着，拟议中的东巴基斯坦——孟加拉有可能单独立国。"克里普斯提案"便成为了后来"蒙巴顿方案"的雏形。在接下来的5年里，印度人不惜任何代价以求得独立的要求愈加强烈。经过若干轮不起任何作用的会谈后，原本还幻想能够拖延印度独立、使英国继续维持对印统治的大多数英国官员和部队军官最终都放弃了，他们只想尽快离开印度回国。

　　1946年2月19日，英国首相艾德礼在下院宣布，英国准备接受印度的独立要求，

并首先派出以劳伦斯为首的内阁使团赴印，寻求移交政权的途径。劳伦斯使团的活动导致印度召开制宪会议，成立临时政府，但同时也加剧了印度国大党与穆斯林联盟的冲突。到了1947年，形势更加紧张，印度教派冲突有进一步扩展的趋势，各种政治力量对英国的不满急剧增长。1947年2月20日，英国首相艾德礼宣布，英国政府准备至迟在1948年6月前把政权移交给印度人。蒙巴顿将军便是在此时临危受命，于1947年3月24日抵达印度，开始了其英国驻印度最后一任总督任职履历的。

　　蒙巴顿一到印度便开始同各党派进行接触，经过了解，他深感局势比原本估计的还要危急。到1947年4月底，蒙巴顿认识到，继续与印度政要们唇枪舌剑进行谈判是愚蠢的，只有两个可供选择的办法：一是英国派出军队，以武力恢复帝国在印度的统治；二是加速撤退。然而，继续利用军队的武力压制重新建立旧统治已经是不太现实的事情了，于是，蒙巴顿决定提前移交政权，立即实行分治，并尽快完成撤退。更确切地说，推迟分治和撤退就会增加英国人的灾难。在顾问们的帮助下，经过深思熟虑的蒙巴顿草拟了后来称之为"蒙巴顿方案"的初稿，其主旨是：在次大陆独立

后，将分别建立两个独立的国家——印度和巴基斯坦。尽管也许会惹恼坚持次大陆为一个国家的印度教徒，但蒙巴顿还是让总督秘书长、陆军上将伊斯梅于1947年5月2日将方案初稿带往伦敦，请求英国内阁的批准。

1947年6月13日，英国政府批准并颁布了"印巴分制方案"，也就是"蒙巴顿方案"，亦称印度独立法案。其主要内容是：按照居民宗教信仰，英属印度将分为印度教徒的印度联邦和伊斯兰教徒的巴基斯坦两个自治领，分别建立自治政府；英国分别向两者移交政权；先就孟加拉省、旁遮普省是否各划分为两部分，各部分的归属问题以及西北边境省、信德省和阿萨姆省的锡尔赫特县的归属问题分别进行投票；待有结果后，将印度制宪会议分成印度制宪会议和巴基斯坦制宪会议两部分，它们将分别决定两个国家的未来地位；授予各王公土邦以自由选择加入任何一个自治领的权利，如果不愿加入任何自治领，可以保持与英国的旧关系，但得不到自治领的权利。蒙巴顿还宣布1947年8月15日为移交政权的最终日期。这一方案虽然令当时的主要政党印度国大党和穆斯林联盟都不太满意，但双方都宣布接受这个方案。

从"蒙巴顿方案"的内容中不难看

出：简单地以宗教特点作为划分两个国家的标准，必然引起教民们的大迁徙和教派间的大仇杀。方案刚刚公布一小时，就有几百万人开始收拾他们满是尘土的财产，打成包裹。在分治后的13个月里，约有1,400万人越过新边界，迁到对方境内。络绎不绝的难民都集中到各大城市附近的野外营地，或者干脆露宿在城市的街道上。各地的大破坏和难民的云集，使印度和巴基斯坦本来就很困难的粮食供应状况更加恶化。迁徙和逃亡的过程中，发生了印度历史上空前的流血冲突和仇杀。据1948年英国当局估计，死于教派仇杀者达50万人，无家可归者达1,200万人，互相逃到对方国家的难民1,000多万人。分治割断了原有的经济联系，造成两国经济的畸形发展，并带来了两国政治上的不睦与多次冲突。可见，英国人赞美为"不流血的革命"的印巴分治，造成的人口死亡和物质损失，可能比内战更大。

印巴分治就在血流成河的宗教仇杀中完成了。它所形成的巨大阴影始终笼罩着印、巴两国关系，不管两国外交关系如何发展，终究难以在短期内改变业已留下创伤的民族心理。此外，按宗教特点进行分治，并未使印度在分治后形成清一色的印度教，同样也没有使巴基斯坦成为纯粹的伊斯兰国家。直到21世纪的今天，印度国内仍有占总人口10%左右的穆斯林教徒，而巴基斯坦也有占总人口1.6%的印度教徒。这就必然形成跨国界的宗教和民族矛盾，这些矛盾又往往会波及对方国家的相同教派和民族，从而上升为国家关系问题。对立的双方只要利用这种矛盾插手对方内部事务，则会进一步恶化业已存在的宗教和民族矛盾，导致国家间的进一步敌对。这种恶性循环造成了印巴两国之间和各自内部宗教、民族矛盾的错综复杂，导致了印巴关系的长期紧张。

"蒙巴顿方案"给人们留下的另一个难题就是有关王公土邦的归属问题，而在制订方案初稿时，蒙巴顿就已经注意到了这一大隐患。他当时认为初稿中"唯一"会引起混乱的新问题，就是建议西北边境省也拥有选择独立的自由。后来，印、巴两国长期为查谟–克什米尔（简称克什米尔）问题争执不休，以及克什米尔内部长期的动乱纷争也证实了蒙巴顿的预见。可是，蒙巴顿明知事态会向那个方向发展，为什么还那样做呢？显然，给前殖民地留下一些隐患，是符合前宗主国利益的，同时还会给某些不甘退出殖民地的英国人以某种幸灾乐祸的快感。地处西北边境省的克什米尔原来是一个王公土邦，面积22万余平方公里。克什米尔在地理位置上与分治后的印度和巴基斯坦都接壤，当时，在约500万的人口中，信仰伊斯兰教的穆斯林占77%，印度教徒占20%。按照"蒙巴顿方案"的原则，穆斯林占多数的地区应划为巴基斯坦，但方案中又规定克什米尔地区既可以选择加入印度或巴基斯坦任何一国，也可以选择宣布独立。问题也就出现了：巴基斯坦主张以公民投票方式决定该地区的归属，而印度则坚持对克什米尔拥有主权。居于该地区社会底层、占总人口绝大多数的穆斯林希望并入巴基斯坦；而当时统治克什米尔的土邦王公是印度教徒，在他看来，并入任何一方都不好，只有争取独立才是最佳选择，但在看到无法获得独立的情况下，最后倾向于加入印度。因此，印巴分治后，克什米尔的归属问题并未能得到解决，并由此于1947年10月爆发了第一次克什米尔战争，史称第一次印巴战争；在随后的近30年里，印巴双方又爆发了第二次、第三次印巴战争，克什米尔问题直至今天仍旧未能得以最终解决。

"蒙巴顿方案"的实施标志着英国不得不承认印度民族独立斗争的最后胜利。根据1947年6月的"蒙巴顿方案"，英国将英属印度分为印度和巴基斯坦两个自治领。在完成相关的分治手续后，1947年8月14日，巴基斯坦自治领成立，真纳为巴基斯坦自治领总督；8月15日，印度自治领成立，蒙巴顿仍暂为印度自治领总督。英国在印度长达190年的殖民统治自此结束。然而，英国在印度的经济利益基本未受影响，而印

▽ 与圣雄甘地（中）交谈的蒙巴顿夫妇。

度独立法案相关内容的规定却造成了克什米尔归属问题的争端，并为印巴两国日后的长期冲突埋下了伏笔。1950年1月26日，印度共和国成立，成为英联邦成员国。自此，英属印度脱离了英国的殖民统治，重新获得了独立。

No.6 魂归大海

　　从1945年获得"缅甸蒙巴顿伯爵"算起，蒙巴顿离开英国皇家海军已经有很长一段时间了，但他内心真正向往的还是海上生涯。战争结束了，作为一个战区的最高司令官、一个获得了伯爵称号的海军将领，蒙巴顿为皇家海军带来了荣耀，他现在想要回到海军去，继承父辈的事业，继续寻觅儿时的梦想。1946年6月，蒙巴顿抱着重返海军舰队的强烈愿望回到了英国，并立志像他父亲那样成为英国第一海务大臣。海军也需要他，同年年底，蒙巴顿便被预任为英国地中海舰队第1巡洋舰队司令，并于次年1月6日派送至朴茨茅斯海军学院高级将领班进修，为担任这一新职务接受岗位培训。但是，理想的风帆并非那般顺心如意，1947年2月，英国政府在伦敦正式委派蒙巴顿接任大英帝国驻印度总督的职务，处理印度独立前政权移交的相关事宜。一年多后，在圆满完成了英国驻印度最后一任总督的光荣使命后，蒙巴顿偕夫人于1948年6月23日回到了伦敦。回国后的第三天，蒙巴顿就向海军首脑提出了申请。他在6月25日的日记中写道："我向海军大臣、第一海军大臣和第一海务大臣打了报告，表示我愿意听从他们的一切分配。"

　　由于蒙巴顿在皇家海军中的军籍一直保留着，他回来自然没有任何问题，但是，要在等级森严的皇家海军中安排一个合适的位置给他，却也颇令海军首脑们头疼。蒙巴顿担任过东南亚战区的盟军最高司令，还刚刚做过印度总督，职位安排低了不妥当，而仅有的几个高级别的位子现在又被挤得满满的，总不能为此将这些没有失职和过错的人撤职。英国第一海务大臣约翰·坎宁安经过长达3个月的痛苦考虑后，于10月份终于决定，让蒙巴顿担任地中海舰队第1巡洋舰队司令。1950年6月，蒙巴顿被调离地中海舰队，回到海军部担任第四海务大臣，负责海军的后勤补给工作。1952年5月，蒙巴顿被任命为地中海舰队总司令，次年2月，正式晋升为海军上将。就这样，蒙巴顿为一步步地获得自己理想的职务铺平了道路。1955年3月，蒙巴顿出任皇家海军参谋长兼第一海务大臣。1959年5月22日，英国首相麦克米伦正式任命蒙巴顿为国防参谋长，并建议这个职务的任期由3年延长至5年。

从地位上说，国防参谋长仅次于国防大臣，但由于后者属于文官并受到党派竞选的影响，所以，国防参谋长实际上就是整个英国陆海空三军武装力量的专职首长。此时的蒙巴顿，实现了自己儿时的梦想，并远远超越了父辈的荣耀，他放开手脚，准备在国防参谋长的显赫位置上大展宏图。然而，他的夫人埃德维娜却于第二年不幸病故，终年仅59岁。1965年6月，蒙巴顿退出现役，返回汉普郡布罗德兰兹庄园居住。1966年1月和1973年9月，蒙巴顿代表英国女王先后参加了印度总理夏斯特里和瑞典国王

∨ "二战" 期间身着军装的路易斯·蒙巴顿。

古斯塔夫的葬礼，1974年和1975年分别访问了中国和前苏联，对中国的富强表示了良好的祝愿，并坚决支持中国收回对香港和澳门的领土主权。

蒙巴顿多次在公众场合声明了他坚决拥护一个英国的主张，而反对一爱一英的爱尔兰分裂主义思想。他表示，一国两制的思想才是符合全英国人民根本利益的重要思想。这无疑遭到了爱尔兰分裂分子的痛恨，爱尔兰共和军发出毒誓：不杀死蒙巴顿誓不罢休。蒙巴顿以伟大的政治家的气概表示了对爱尔兰共和军暗杀威胁的藐视，这更增加了爱尔兰共和军等极端恐怖组织与分裂组织的仇恨。1979年8月27日，蒙巴顿在"阴影V"号游船上被爱尔兰共和军放置的炸弹炸死。终年79岁。

Hugh Caswakk Dowding

捕捉飞鹰的巨手

道 丁

他是"二战"期间最出色的空军将领，
他是人类历史上最具影响力的空军指挥官之一。
他成功地指挥了世界军事史上最大规模的空战，
他粉碎了希特勒征服英国的企图，
他的空战指挥艺术和他对战斗机和雷达的运用几近完美，
他写就了英国皇家空军历史上最辉煌的一页……
他是休·卡斯沃尔·道丁。

No.1 沉默的少年

1882年4月24日，英国苏格兰的邓弗里斯郡一位小学校长迎来了儿子的降生，这个小婴孩就是休·道丁。作为家中的长子，父母对道丁寄予厚望，希望他成为弟妹的榜样。可惜少年的道丁并不是个出色的学生。他先是就读于父亲的学校，后来又转入温彻斯特公学且一直功课平平，尤其不喜欢学习希腊语。为了逃避这门课，他选择了军事班，修习了不少陆军课程，从此对军事产生了兴趣。

1899年，英布战争爆发后，道丁考入沃尔威奇军事学院进行为期1年的学习。由于学习期间常常漫不经心，道丁的成绩一直不理想。根据当时英军的传统，成绩优秀的军校毕业生参加工兵部队，其余则进入炮兵部队，道丁便据此认为是由于懒惰让他成为炮兵军官的。而且，他本来想成为比较活跃的野战炮兵，不想却误入警备部队。

此后，道丁先后在直布罗陀、锡兰和香港服役，指挥炮兵分队。这期间他的军队生活应该还算惬意的，常常骑马外出，或者逛逛市场，同商贩讨价还价，尽情享受着热带阳光。至于军事方面，他没能用上大炮，但各种枪也打了不少。若换了别人，肯定不愿意放弃这种舒适的生活，但道丁却不愿这样混日子，于是他主动请缨要到艰苦的地方去。22岁这年，道丁被派到印度的一个山地炮兵连服役。

"只有猴子知道我们走的什么道，只有野羊知道我们过的什么路。"这句话很形象地反映了山地炮兵的野外军事训练所面临的艰苦环境。然而道丁却似乎很享受这种生活。他常常独自带领两门炮的炮手们同大约一个步兵连一起在野外操练。这使他很早就尝到了承担责任的滋味，因为山地炮兵常常需要为自己探索和开辟前进的道路。道丁担任了6年这种炮兵部队的低级指挥官，虽然从未打过仗，但常常进行相关的演习。在某次演习中，道丁想方设法率部伏击了一支由西里尔·纽沃尔指挥的分队，而这支部队本来是安排来伏击他的分队的。事后道丁对此总是津津乐道，却不想为日后的烦恼埋下了伏笔：纽沃尔后来出任皇家空军参谋长，道丁认为他一直对往事耿耿于怀而故意妨碍了自己的前程。

此时的道丁逐渐将兴趣转向高级指挥机关的管理与组织工作，而这对于像他这样的初级军官来说就意味着从事参谋工作，于是他便申请到参谋学院学习。1910年，领导批准他用1年的时间为入学考试做准备，但却只能领取半薪。道丁这次再也不敢怠慢，潜心攻读。辛苦的付出总算有了回报：那一年，坎伯利参谋学院只录取了7名炮兵学员，道丁就是其中的一个。1911年，道丁开始在坎伯利参谋学院主修两年的炮兵课程。虽然他认为学习班过于强调了骑兵的作用和纯理论性的知识，但总的来说这段生活还是令他获益匪浅。道丁在军校上学时就不爱说话，更不爱开玩笑，当他的同学们说笑玩乐时，他总是一个人闷着脑袋想事，偶尔说话也因为太直接而不讨人喜欢。

∧ 与英国空军军官合影的英国"空军之父"特伦查德（中坐者）。

在参谋学院学习时，他也喜欢一个人低头沉思。于是人们给他起了个外号——"呆板的人"。

在坎伯利参谋学院的一次理论作业练习中，道丁奉命指挥6架飞机，他决定首先侦察敌情，然后再酌情制订作战计划。然而此举遭到在场的高级军官的批评，认为他采取的行动是徒劳无益的。不甘心的道丁决心找出自己究竟有何错漏，摆脱作为一个飞行方面的门外汉的耻辱，于是决定自己去布鲁克兰兹飞行学校学习飞行。正是这个意外的插曲，让一位普通的炮兵向后来的战斗机司令迈进了。

由于初级飞行训练一般在凌晨进行，道丁常常天没亮就起床挤车去布鲁克兰兹，共接受了1小时40分钟的飞行训练。在获得皇家航空俱乐部证书之后，并不满足的道丁还想达到更高的水平，这时的他已经从参谋学院毕业，于是便前往中央飞行学校接受进一步的飞行训练，以获得皇家航空队的飞行徽章。在这里道丁又遇到了日后对他的前途影响深远的两个人：一个是他的教官约翰·萨尔蒙德，另一个是副校长休·特伦查德。休·特伦查德号称"皇家空军之父"，是英国第一位空军参谋长和空军元帅；而萨尔蒙德后来也曾担任过皇家空军参谋长。从飞行学校毕业后，道丁没有马上转行。因为当时他本人对空军并没有特别大的兴趣，他的父亲希望他找个危险性小的工作，于是他接受了父亲的意见，仍然回到了怀特岛的要塞炮兵部队，正如他所说的："我学习飞行的最初想法就是要增加我作为参谋军官的价值。"

No.2 "遭遇" 特伦查德

第一次世界大战爆发后，拥有飞行经验的道丁还是按照自己的意愿进入了皇家陆军航空队。他的新职务是多佛"运输营"主任，那时飞往法国执行任务的飞行中队都从这里起飞。没过多久，他又转到一个正在组建的飞行中队，可是他嫌这个飞行中队组建得太慢，不能马上参战，好为自己的履历添上光辉的一笔。为了能参战，他找到了当年飞行学校的老领导特伦查德。特伦查德却没有派他去当飞行员，而只是让他当了一名飞行观察员。道丁虽然觉得有点心里不平衡，但是毕竟实现了参战的心愿，所以还是勉强接受了。他正好赶上了已经胶着数年的大规模机动战役——"奔向大海"之战的尾声。在干了6个星期的空中侦察后，道丁重新获得了飞行员资格。不过他很快又被调到皇家航空队司令部当参谋，后来又被派往第9飞行中队任中队长。当时的第9飞行中队实际上是一支"无线电中队"，其任务是发展第一批观察敌人炮兵的空对地电台。道丁在这里又没干多久就被调回国，进入布鲁克兰兹航空无线电学校担任领导。应该说，这份新工作是非常适合道丁的：首先，他对技术很感兴趣，干过空对地无线电，积累了一些经验；其次，他以前是炮兵，懂得炮兵通信问题；再次，他已经是而立之年的少校军官，在杰出的年轻飞行员层出不穷的时代，他也没必要到前线去冒生命危险。在学校任职期间，道丁最大的功绩就是改进了当时的无线电设备，并使第一代无线电通信系统在飞机上得到了应用。

4个月后，道丁再次来到欧洲战场出任飞行中队长，隶属特伦查德指挥的第1飞行联队。不过这段时期他的飞行中队没遭遇过大的战斗，全队仅击落了1架德国飞机。不过道丁也没闲着，他利用自己的技术专长，研制出新的轰炸瞄准器和航空摄影装置。此外，道丁还投入了很大的精力去努力改善飞行员的生活条件，因为当时受战时条件所限，飞行员的生活待遇比较差，甚至军官的食堂就设在一条大型游艇上。在此期间，他首次与特伦查德发生了口角。事情源于特伦查德给道丁送去一批型号错误的螺旋桨，并且武断地命令他投入使用。道丁作了一次试飞后，特伦查德才发现自己错了。此后，道丁常常生气地抱怨领导听不进皇家陆军航空队飞行员的意见，相反偏信那些半吊子推销员的话。这些话传到特伦查德的耳中，令他非常不快。其实道丁的性格一向非常倔强，从来不迷信权威，在重大原则问题上总喜欢与人据理力争，毫不妥协。这样的处事风格为他带来了不少麻烦，也因此得罪了不少上司，其中就包括特伦查德。

1916年新年伊始，道丁再次回国负责研制飞行技术装备，旋即晋升为中校，稍后即出任第9飞行联队大队长。该飞行联队由设在法国的司令部直接领导，也就是说，直接由当时已晋升为皇家陆军航空队司令的特伦查德领导。这样一来，两人不

∧ "一战"中, 准备升空作战的英军飞行员。

可避免地再次"遭遇"。

　　果然没过多久, 道丁就在战术指导问题上与特伦查德发生了分歧。当时为了加强索姆河战役的攻势, 特伦查德想方设法争取空中优势, 为了保持空中优势, 他必须经常派小分队进行空中巡逻, 压制敌方的空中力量。因此, 执行巡逻任务的小分队常常与数量占优势的德军战斗机编队遭遇。而当时英方的飞机装备远比不上德方的先进, 所以常在遭遇战时处于劣势, 飞行员经常面临机毁人亡的危险。道丁本人都在这种遭遇战中吃过苦头。当时他驾驶一架航速很慢的BE2C飞机越过敌方防线, 突然敌方若干架"福克斯"式飞机向他扑来。当时他飞机上唯一的武器是"刘易斯"机枪, 可在射击时又卡了壳, 连飞行仪表都被打碎了。幸好道丁飞行技术精湛, 关键时刻非常冷静, 他果断降低了飞行高度, 最后低空飞行安全返回。

　　这之后, 他便开始思索如何能够降低飞行员类似的风险。然而直到索姆河战役的后期, 这个问题才引起广泛的重视。因为当时各飞行部队的损失都很惨重, 尤其是道丁领导的飞行联队中的法国制"莫拉尼斯"飞机飞行中队。由于"莫拉尼斯"式飞机的控制系统相当落后, 因此即使在最好的空战条件下, 面对类似德军的"福克斯"式飞机,这种飞机也占不了上风。出于对飞行员生命安全的关切,道丁提出,飞行员应当像其他军种的官兵一样定期轮换。而特伦查德却要求各个飞行中队不断执行飞行任务,在个别飞行员轮换休息时,其他飞行员也要替飞。在道丁的一再请求下,特伦查德总算是网开一面,允许"莫拉尼斯"飞行中队定期轮换,但对于其他飞行中队,仍然坚持他原来的作法。不过,这次分歧再次加深了特伦查德对道丁的不满,他甚至直截了当地说,道丁是个"忧郁的吉米",不可能鼓舞飞行中队的士气。

用"忧郁"二字来形容道丁虽说并非恰如其分,但确实也在一定程度上反映了他给人的某种印象。道丁个子高挑,身材消瘦,总是一脸严肃,显得一本正经。他很少像特伦查德那样,常到各个飞行中队去视察,发表鼓舞士气的演说。因为他知道自己不善于掩饰感情,担心他作为指挥官的情绪会影响到下级的情绪,所以与人相处时,他总是显得很拘谨,这也导致了解和喜欢他的人都不多。其实,道丁是个很重感情的人,非常关心自己手下的官兵,这从他努力改善飞行员的生活条件,要求飞行员进行轮换休息就可以看出来。此外,在担任飞行中队长时,他就曾命令将两名阵亡德军飞行员的遗物空投到敌占区。甚至晚年时他还曾大力资助保护动物协会。不过,家庭的不幸也许更加深了道丁忧郁的弱点。1918年初他结了婚,可婚后仅两年,妻子便不幸离开人世,给他留下了一双儿女。此后他一直未再婚,直到1951年他才与一位寡妇结婚。

在参加了索姆河战役和马恩河战役后不久,道丁即晋升为上校,回到英国。尽管希望重返炮兵部队,道丁最后还是被留在新组建的皇家空军服役。1919年,道丁晋升为准将。20世纪20年代时,他因年龄的问题在军职上显得很尴尬:担任伊拉克西北非前线战区飞行中队、甚至联队指挥官,军衔显得太高,而担任其中任何一个战区的指挥官,军衔又显得过低。鉴于他的大部分经历是从事参谋工作,因此被派往巴格达又当了一段时间的参谋官。在此期间,他建议采用人道主义的作战方式:在轰炸某地之前,先用传单向当地居民提出警告。这说明他是个宅心仁厚的人。

1926年,道丁出任空军训练局局长,再次回到特伦查德身边工作。特伦查德并不情愿地向道丁致歉:"我在处理人的问题上并不总是犯错误的,但在处理你的问题上犯了错误。"从此,二人的关系有所好转。

∧ 一架英军飞机正在准备开始执行夜间任务。

自从丧母之后，道丁的两个孩子就同道丁退休的父亲一起住在温布尔登，因此道丁一有时间就回到那里住。道丁原来很喜欢骑马、射击，但由于居住条件不允许，这些活动都受到了限制。不过他每年冬天都要到瑞士度假、滑雪，甚至还当上了英国滑雪俱乐部的主席。可以说，除了开飞机，道丁最大的爱好就是滑雪了。由此可见，道丁属于那种貌似呆板枯燥、内心充满激情的人。

No.3　空军参谋长

1929年，道丁奉命前往巴勒斯坦考察阿拉伯人与犹太人的纠纷问题之后，返回英国任歼击机军区(歼击航空兵司令部的前身)司令，并于1930年9月成为空军委

员会主管补给和研究的委员。这项工作正合他的胃口，并且他也把这项工作干得有声有色。

在20世纪20年代，工业蓬勃发展，飞机制造业和无线电工业都取得了突飞猛进的发展。而道丁向来注重发展空军的武器装备和工程技术，于是积极吸收民用工业的精华为空军所用。在道丁的大力推动下，皇家空军开发了不少新武器，其中有3样更堪称空军"三大法宝"：一为威力无比的"飓风"式战斗机，一为战无不胜的"喷火"式战斗机，还有一个就是克敌制胜的雷达。这"三大法宝"后来对英国在"二战"中击败德国发挥了巨大的作用。

1936年，英国皇家空军进行了彻底的改编，组建数个特种司令部：歼击航空兵司令部、轰炸航空兵司令部、海岸航空兵司令部等。道丁被任命为首位歼击航空兵司令部司令，并将司令部设在本特利普里奥雷，致力于组建和训练事务，不久晋升为空军上将。

其实道丁本人从未当过战斗机飞行员，并且在第一次世界大战时也没有指挥过战斗机部队。但是，这并没有妨碍他成功地建立起一支优秀的战斗机部队。当时的战斗机部队存在不少问题，比如说基层的飞行中队十分缺乏富有经验的年轻飞行员，因此如果要想更换新式飞机就会非常困难。而且当时的战斗机部队成了很多有钱有势的指挥官的镀金宝地，这些人只关心自己的仕途，根本不考虑部队的建设问题。此外，由于当时的皇家空军高层普遍持有"轰炸机万能"的思想，因此对战斗机部队的重视不够，而这显然也不利于战斗机部队的快速发展。

道丁拿出一贯的执著态度，尽力解决各种问题。他思想敏锐，总能想出新办法。例如，为了最大可能地保护飞行员的生命安全，他极力主张飞行员座舱部分要装上防弹挡风玻璃和装甲钢板。为了提高打击精确度，他坚持进行各种试验，甚至设法让轰炸航空兵部队提供一架装甲钢板轰炸机，以便供飞行员实弹练习射击。空军部的一些官僚对道丁很不理解，认为他的歪点子太多，再加上他本人的倔脾气，更使得他在空军部处于孤立无援的境地。但道丁不在乎这一切，他刚毅的性格使他克服了一个又一个的困难，去实现自己的梦想。

道丁对科学的新发展有高度的敏感。这一点跟一般的军事将领截然不同。1935年，科学家瓦特发明了以无线电测定方向及距离的雷达。这一发明给了道丁很大的启发。科学家告诉他，可以利用雷达的光波测出海面上飞机的航程、方向和大致高度。于是道丁全力支持开发军用雷达及相关配套电子仪器，并将其组成一套完整的科学

< 英皇家空军装备的轰炸机。

∧ 英空军装备的"喷火"式战机。

空防体系。在他升任歼击航空兵司令部司令后,更把雷达安装在英国东、南海岸,编为第66集团雷达部队,时刻密切监视着敌机动向。此外,推动先进歼击机的研制和生产也是道丁在此任内的另一项重大贡献。1938年9月,首批"喷火"式飞机正式编入皇家空军。到了1939年8月,皇家空军已装备了957架"喷火"式战斗机。可以说,这些新装备后来都成了英国空军的秘密武器。

面对当时战斗机短缺的状况,道丁仔细向当时的飞机生产大臣费鲁克了解有关轰炸机和战斗机的生产情况。费鲁克告诉他每月工厂能生产1,000多架飞机,其中战斗机400~500架左右。道丁摸清情况后,认为在敌多我少的情况下,只有集中兵力才是上策,于是下令将皇家空军的战斗机主力集中到伦敦附近,这样做一可以保卫首都,安定人心;二可以对敌轰炸机形成威慑作用;三可以力争主动不被敌人牵着鼻子走。这时的皇家空军战斗机司令部下辖4个战斗机大队:布兰德少将指挥的第10大队,司令部在博克斯,负责保卫英格兰西部地区;派克少将指挥的第11大队,司令部在阿克

斯布里奇，负责保卫伦敦在内的英格兰东南部地区；马洛里少将指挥的第12大队，司令部在瓦特耐尔，负责保卫从泰晤士河入海口至约克郡的英格兰中部地区；索尔少将指挥的第13大队，司令部在纽卡斯尔，负责保卫苏格兰地区。在这4个大队中，实力最强的就是保卫伦敦的第11大队，拥有270架最先进的"飓风"和"喷火"战斗机，几乎占英军全部先进飞机的40%。

　　道丁还极为重视飞行员的培训工作，他认为激烈的空战中损失最大的不仅是战斗机，还有更为宝贵的飞行员。而飞行员一旦供应不上，再多再好的战斗机也只能是一堆无人驾驶的废铁。为了培训更多的飞行人员，英国政府于1936年宣布组建皇家志愿空军预备队，免费向18~25岁的平民提供学习飞行的机会，并且还进一步扩大了大学航空中队，向有志于学习飞行的大学生们提供临时训练。

　　道丁吸收了工业生产中的标准化思想，于是颁布命令，要求各飞行大队和中队的作战指挥中心要建成一模一样的标准格式。在指挥室的墙上挂着大黑板，画着各中队

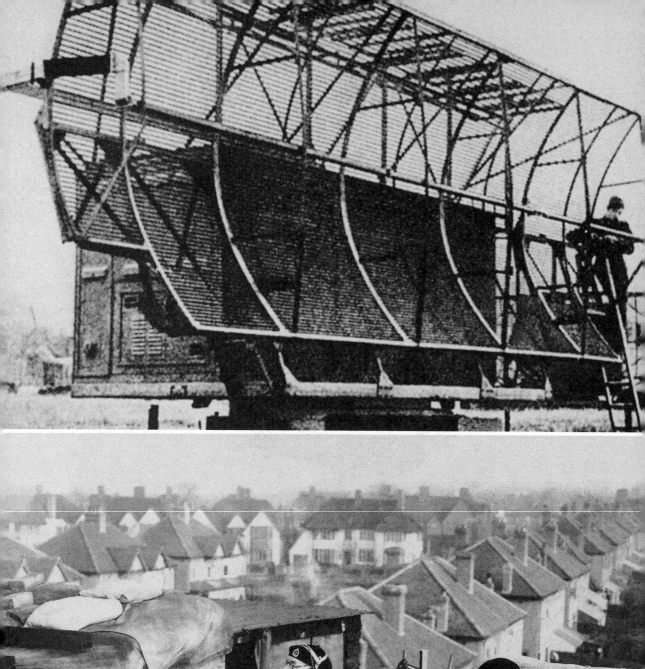
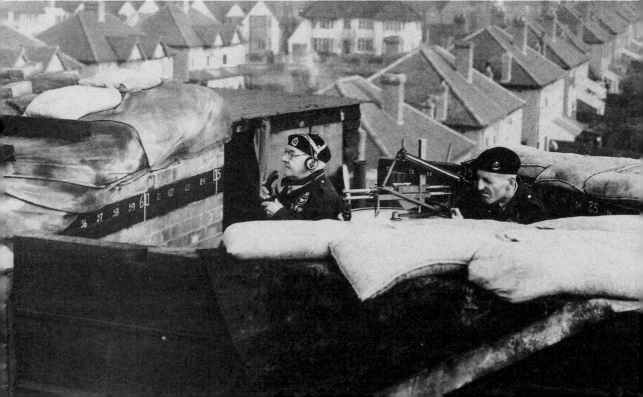

的位置。各个中队范围里安装着好几排灯泡，每排灯泡代表着各中队不同的执勤状况。庞大的空军在一面墙上的黑板上显示得清清楚楚。参观过的人包括丘吉尔在内都赞不绝口。

道丁还充分利用了电话和无线电通讯，把各单位联系在一起，使各个单位的作战参谋能根据命令和情况有条不紊地把战斗机转移出去，或者把各中队编成较大的机群投入战斗。

在他的主持下，战斗机司令部成立了司令部情报室，并组建了由雷达、防空监视哨和指挥部作战室、情报室所构成的空中情报体系，能非常迅速地获知情报，极其有效地指挥作战。

正是因为道丁在战前备战中建设了一支有战略头脑的战斗空军，并且拥有重点的现代化防空体系和有效率的通讯指挥体系，从而为日后决定英国命运的不列颠空战的胜利奠定了基础。

然而命运总爱捉弄人，尤其像道丁这样不太合群的人。他满以为凭着自己的资历和功绩可以担任空军参谋长，可令他备受打击的是，1937年初他获悉当年的那位"对手"纽沃尔已经超过他荣升空军参谋长。这主要是因为当时的军方高层认为道丁参加实战太少，没有战将的美誉。再加上他喜欢离群索居的性格，也使人怀疑他能否胜任这样高的领导职务，毕竟空军参谋长必须与掌握军队财政大权的政治家们打交道。更糟糕的还在后面，1938年，道丁被告知将于1939年7月退役，但他的接替者在一次飞行事故中意外受伤，他的退休时间只好被推迟到1940年3月，后来又因故一再改期，最后推迟到秋季。直到1940年8月，他终于确切地得到了退役的消息，但其时不列颠空战正酣，道丁已欲退不能。后来道丁只好如此自我嘲解：不列颠空战期间"我从来就不知道自己所处的准确地位"。

No.4　不列颠空战

1939年，希特勒闪击波兰挑起第二次世界大战，第二年又进攻西欧，英法联军一败涂地，英国派出了数百架新式战斗机奔赴法国对德作战。由于法国没有指挥控制系统和雷达设施，导致仅在两个星期内，英国就损失了200多架战斗机。作为战斗空军司令的道丁非常着急，他在战时内阁会议上向丘吉尔坦陈己见，认为从战略形势看，法国败局已

135

定，而英军本身的战斗机力量就不足，与其作无谓的牺牲，不如保存实力，以待将来德国空军进攻英国本土时再集中使用。但是，战时内阁会议的大臣们根本听不进他的意见，依然决定派飞机到法国去。道丁清醒地意识到大规模空战将不可避免，于是始终保留了一支具有280架飞机规模的后备力量，不到德军登陆编队进入海峡的最后关头是绝不动用的。他甚至敢于抗拒丘吉尔首相的命令，不向法国派出更多的飞机。

5月16日，道丁给当时的空军总参谋长尼华尔写了一封信，信中写道："若把本土防空用的空军，分割使用在法国，以此来企图挽救当前的危局，那么一旦法国失败了，英国也就跟着拖垮了。"尼华尔非常赞赏道丁的意见。事实证明道丁的意见是正确的，形势对英国远征军已经非常不利了。于是丘吉尔下令今后不再派战斗机中队去法国。大战后各方面的评论充分肯定了道丁的真知灼见。因为当时假如没有道丁的大声疾呼，假如英国空军过早地与德国空军展开决战，那么历史可能就是另一个样子了。

很快，20世纪英国历史上最严酷的挑战到来了，希特勒把战刀指向英伦三岛，纳粹的第二号人物、空军总司令戈林元帅向希特勒信誓旦旦地表示，只用他的空军就能打得丘吉尔俯首称臣。于是，人类历史上规模最大的空中大搏杀——不列颠空战打响了。这是强大的英国皇家空军与凶悍的纳粹德国空军之间的决斗，也是呆板的道丁将军与张狂的戈林元帅之间的对决。

戈林把德国空军基地移到欧洲大陆沿海，对英伦三岛形成了半月形的包围圈。这样，英国空军基地大部分都落入了德国空军的航程范围内。而且，法兰西之战后英国空军在西欧大陆损失了上千架飞机，并且还损失了许多有经验的飞行员。至于曾经不可一世、称雄海上的英国海军，一旦失去空军的保护，也将沦为敌机轰炸的靶子，根本没能力保卫英伦三岛。虽然此时的道丁已经是58岁高龄的老人了，甚至被戏称为皇家

∨ 英军飞行员跑向战斗机，准备开始下一轮的任务。

空军的"老古董"，但是道丁的思想并不陈旧。针对这种缺人缺物缺支援的形势，道丁制订了严谨的方案，使空军每架战斗机的战斗效能提高了一倍。他们没有进行无益的巡逻，只在遇到空袭时，飞行中队才紧急起飞迎战。一般情况下，他们都能在准确的指挥下，执行截击任务。然而，随着战斗的推进，飞行员伤亡数字不断增加，道丁只能忍痛放弃了自己曾经最得意的一项计划，下令停止飞行中队轮流到平静的北方休整。他不得不实行特伦查德1916年时曾提倡过的办法，即把所有的部队都留在前线，并从其他部队调来飞行中队，把最好的飞行员用于第一线作战。至于道丁自己，更是全身心地投入到工作中。他经常与执行夜间飞行任务的飞行中队待在一起，然后睡上几小时后，又赶到办公室去处理白天的工作。

　　不列颠空战正式开始于1940年7月10日，共分为三个阶段。在空战的第一阶段即7月10日至8月23日，德国空军主要攻击英吉利海峡的护航船队、袭击南部港口，企图诱歼大量英国战斗机，为实施"海狮"登陆行动作准备。戈林使用他的王牌武器——ME109、ME110战斗机和斯图卡俯冲轰炸机如猛兽一般狂扑英国；道丁则使用他的王牌武器——"喷火""飓风"和雷达、高炮，从各个方向截击德军战机，同时还保留了不少后备力量。战至8月12日，英军以损失150架飞机的代价致使德国空军损失了286架飞机。此时，道丁战前采取的备战措施，现在已开始见成效。开战1个多月，虽然道丁损失了100多架战斗机，但现在工厂里一个星期的产量就可以补充起来。至8月初，道丁已配备了55个战斗机中队，此外还有6个中队正在训练中。飞行员经过培训锻炼，也已经补充到1,000多人。道丁还大胆起用年轻人，中队一级的指挥官都在26岁以下，飞行员也只有20岁左右。年轻人天不怕、地

∧ 飞临英国上空的德军飞机。

不怕，浑身仿佛有使不完的劲，甚至一天的起落可以达4次，这也使得战斗力大大加强了。然而，对皇家空军更大的考验还在后面。

　　从8月13日开始，戈林全面出击，代号"鹰攻击"，以第2航空队和第3航空队的大量飞机分4批企图突破东南部防御，另以第5航空队对英国北部实施突袭。道丁早已预料到德军的行动，指挥北部和南部的战斗机适时迎击，并且组织以小编队空军去抗击德国的大编队飞机，使德军损失惨重。8月13日至23日，德国空军损失290架飞机，空中攻势受挫，而英国战斗机则损失114架。英国空军之所以能够对付德军广泛而连续的空袭，一个重要的原因就是道丁将科学和技术运用于战斗。他利用雷达去发现跟踪德国收音机，并通过无线电指挥"喷火"和"飓风"式战斗机如何迎击德国机群。而德军飞机在作战的时候，都是先依照事实上的战斗计划，将每一个编队飞往预定的地方，以后就完全靠个人的观察和主动来攻击英机。这种盲人骑瞎马似的乱撞，其损失自然要大于用"科技武装"的英国空军了。

空战的第二轮厮杀在8月24日至9月27日间发生，德国空军企图打开通往伦敦的空中通道，以消灭剩余的英国战斗机并摧毁其地面设施和飞机制造厂，随后对伦敦实施集中轰炸。道丁命令派遣尽可能多的战斗机去保护南部的飞机制造厂，并对进攻地面设施的敌机实施截击。从8月24日至9月3日，德国空军对英国机场和飞机工厂发动35次大规模袭击，并在作战过程中加强了战斗机对轰炸机的护航。皇家空军战斗机部队面临着前所未有的严峻考验。从8月24日至9月6日，德国空军损失380架飞机，英国空军则消耗了286架战斗机。从9月6日至10月5日，尽管道丁的战斗机部队顽强作战，伦敦仍遭到38次严重昼间空袭和数次盲炸式夜间空袭，道丁及其战斗机部队因而招致不少责难。但是，正因为德国空军集中轰炸伦敦而未去轰炸空军基地和雷达站，英国空军才能得以恢复元气。希特勒这次的"失误"令随后的战斗彻底发生了转机。随着伦敦之战揭开序幕，道丁逐次增强战斗机的力量，用大机群编队与德军对阵，德国空军的作战计划全部被打乱。从9月7日至10月31日，德国空军损失433架飞机，英国空军则仅损失242架战斗机。此轮空战的结果，便是德国将"海狮"登陆作战计划无限期地推迟。

空战的最后一轮较量发生在10月初至11月底，德国空军无可奈何而又漫无目的地轰炸伦敦、考文垂及大居民区，道丁竭尽所能组织并指挥战斗机部队作战。这时，希特勒意识到他拥有的空军力量尚不足以在英国达到其军事目标，只得下令解除了对英国实施登陆作战的准备。1940年11月底，这场惊心动魄的不列颠空战终于宣告结束。

在不列颠空战中，道丁损失战机995架，戈林损失1,818架，希特勒征服英国的美梦永远破碎。英国皇家空军荣誉无限，丘吉尔也成了精神的化身，而道丁却在空战结束前不久默默离职了。因为当时，德军对英国的夜间轰炸一直没有停止，民众怨声载道，战斗机司令部的名声也因此受到了影响，本来就不招人喜欢的道丁自然首当其冲成为牺牲品。其实单纯防御战刚结束时，往往不能马上看出胜负，不列颠空战后来才被定为一次重大胜利。但在当时，人们只是认为，这场会战将德国进攻英国的行动推迟了。

道丁在被解除战斗机司令职务后，工作很难安排。丘吉尔派他去说服美国制造商制造一种飞机发动机，可惜道丁不善言辞。回到英国后，他应政府要求，对皇家空军的组织结构提出了一些建议，但也因此得罪了很多人。1942年，当"二战"还在激烈厮杀之时，这位保卫英伦的英雄黯淡退役。此后他默默无闻度过余生，直到1970年88岁时去世。

随着时间的推移，不列颠空战的地位和作用日益被人们所重视，道丁的声望也因此越来越大。但他却从未为自己著书立传，功过任由他人评说。1943年，英国国王赐封道丁男爵称号，而皇家空军却始终未授予他最高军衔。当其他一些同样指挥过辉煌战役的同盟国名将如蒙哥马利、巴顿、朱可夫等人获得享誉全球声望的时候，孤独沉默的道丁却一直无人知晓……

Harold Alexander

近乎不败的战士

亚历山大

他出身贵族，

他担任过每一级别指挥职务的正职，

他在两次大战之间的和平年代，还参与过三场战争，

他作战经验丰富

他颇具外交手腕，

他能够在不知不觉中影响别人，

他的过人之处就在于各级别的军人和各国的军人都乐于接受他的领导和指挥……

他是哈洛德·亚历山大。

No.1 爱尔兰近卫团

　　哈罗德·亚历山大，1892年出生于伦敦。他家是世代爱尔兰贵族，父亲是第4代卡莱敦伯爵，母亲是诺伯利伯爵的女儿。亚历山大在兄弟4人中排行第三。亚历山大6岁时，父亲就去世了。他母亲比较开明，允许孩子们充分享受北爱尔兰乡村的各种自由。在那里，他学会了打猎、钓鱼、爬山和绘画。这段愉快的生活令他终生难忘，也对他的性格产生了很大的影响：亚历山大既十分浪漫，又非常讲究实际；他喜欢冒险，接触各种不可思议的人，还喜欢处理难以预料的险情。

　　按照欧洲贵族的传统，嫡长子继承爵位，其他的儿子，一般都以从军或者当教士作为职业。亚历山大也不例外。1911年亚历山大从哈罗公学毕业后进入桑赫斯特军校，桑赫斯特在英国的地位，相当于美国的西点。在学校期间，亚历山大学业一般，但擅长体育运动，喜欢竞技性的运动和板球，与军事有关的功课很好，而语言、法律、历史这些文化课则是一塌糊涂。亚历山大在这里学习了不到一年就毕业了，毕业的时候，他在172人中排名第87名。

　　1911年亚历山大加入军队，授衔为少尉。他挑选的队伍，理所当然的是精锐的英国近卫军，而且是近卫军中新成立的爱尔兰近卫团。不过当时他并不想终生服役，而是更愿意当一名画家，当时他最大的志向就是成为皇家艺术学会主席。但是第一次世界大战的爆发却使他的人生发生了根本性的变化。1914年，亚历山大获得中尉军衔，随爱尔兰近卫军团第一批赴欧洲大陆参战。由于当时英军的优势比较明显，因此军中典型的情绪，不是紧张不安，而是兴高采烈，就像去参加一场板球比赛一样，最大的担心，是生怕到欧洲大陆之前，战争

∧ "一战"期间，一间简陋的英军战地医院。

就会结束，错过立功扬名的机会。

　　在参加"一战"的4年中，亚历山大从排长晋升到营长，并曾短时间代理旅长，也算战争的幸运儿了。他受过两次伤，一次是在埃纳河战役，一次是在帕斯琴戴尔战役。在洛斯战役中，他荣获军功十字勋章，在索姆河战役中，被授予特殊功勋勋章。亚历山大在战斗中非常勇敢，常常把生死置之度外，而且始终冷静沉着。或许是因为所受的贵族教育，他的看法深受骑士精神的影响。他认为，战争是考验一个人能力和精神的机会，是增强一个人耐心和勇气的机会，也是在野蛮条件下考验一个人能否保持和增强文明气质的机会。1917年，他在给所在团的一个上校的信中写道："我好像对战争的结束感到有点遗憾！"他这样一个性格温厚的人竟然能说出这样的话，似乎是很矛盾，但其实恰好说明亚历山大真正爱上了他最能发挥才能的这一行——职业军人。亚历山大除了在英国养伤的几个月，其他时间都是出入于前线的枪林弹雨，根本没有在司令部当参谋的经历。在"二战"的著名将领当中，这样的"一战"履历也是极为罕见的。

No.2　战争之间的战争

　　1918年"一战"临近结束的时候，亚历山大得到了他4年战争期间唯一的一个后方任职：英军第10军的战术学校校长，并且在这个职务上一直待到战争结束后的1919年。但是亚历山大天性是个战士，总想找个有刺激的岗位。于是他参加了英国军事使团，去波兰华沙搞救济。不久又从华沙转往波罗的海沿岸的拉脱维亚的英国军事使团。于是当大多数同事已经在战后解甲归田的时候，亚历山大又卷入一场更复杂的小型战争。因为当时拉脱维亚的局势简直像迷宫一样复杂，在这个小小的弹丸之国，居然有多股利益不同的政治军事势力相互纠缠：一是苏联红军在从东部进攻，这是其他几股势力一致敌对的。但其他几股势力互相之间更加纠缠不清。德国驻军名义上向西方盟国战败投降，实际上，他们企图占领波罗的海诸国，把这里变成德国复兴的基地。所以德国驻军既与红军敌对，也企图阻挠拉脱维亚独立。还有一支力量是逃亡到拉脱维亚的白俄武装，他们一方面想反攻苏联本土，一方面，他们也是俄国人，拉脱维亚的旧宗主国，所以也不希望拉脱维亚独立。白俄武装跟德军的关系也相当密切。另一方势力，是拉脱维亚新成立的独立政府，拥有一支政府军，战斗力不强，主要由当地平民组成，是拉脱维亚名义上的唯一合法政府。最后，是高夫将军为首的英国使团。英国军事使团是支持拉脱维亚政府的，它名义上代表协约国的意志，是拉脱维亚的太上皇，但是高夫将军手里除了港口的英国军舰以外，没有任何军队可用。为了抵挡苏联红军，他不得不借重德军和条顿民兵。而德军却暗中控制并唆使条顿民兵，试图消灭拉脱维亚政府。德军明白，协约国迟早要撤回本土。他们想的是，把条顿民兵并入白俄，继续反苏反拉脱维亚独立。正是在这种背景下，高夫将军以协约国的名义，任命亚历山大为拉脱维亚条顿民兵司令。虽说困难重重，但亚历山大却凭借自己的个人魅力和军事才华，成功地扮演了这一角色。他利用自己的贵族身份，同当地的条顿贵族相谈甚欢，再加上曾经的"一战"经历，也赢得了当地贵族的尊重。

他上任伊始，先撤换了一批跟德军走得太近的高级指挥官。为了避免条顿民兵继

∨ 1922年，希腊军队在土耳其境内进行战斗。

147

∨ 1922 年，正在视察土军部队的"土耳其之父"凯末尔。

续受德军控制，亚历山大把全军开上对红军作战的联合前线德维纳河，夹在右翼波兰军队和左翼拉脱维亚政府军之间。这段时间，红军没有进攻，前线平静，亚历山大就用繁忙的训练和整编，来转移条顿民兵对国内政治的注意力。3个月以后，亚历山大对部队的控制渐渐稳固，把6,000人的民兵组织，合编为3个营和1个骑兵连，1919年10月11日，这支武装在前线的局部反攻中击退红军，取得一些小的战术胜利。就在10月，协约国限令德军撤回德国本土，最后期限将至，德军伙同白俄武装，公然叛乱，反扑首都里加，结果被拉脱维亚政府军和英国军舰炮火击败，最终德军被迫撤回本土。在这个过程中，亚历山大始终牢牢控制住手下部队，条顿民兵没有参与这次叛乱。1920年1月，拉脱维亚的联合战线对苏联红军发动总反攻，一举将红军赶出拉脱维亚国境。同年3月底，拉脱维亚条顿民兵集体加入政府军，亚历山大最终完成使命，辞职回国。

在这短短的半年时间中，亚历山大取得了宝贵的与盟国合作的经验。他后来在地中海战区指挥多国盟军作战时，必须驾驭复杂的国际政治利益冲突，在拉脱维亚的这段经历应该说为其助益不小。

亚历山大回国后任爱尔兰近卫团1营营长，很快又卷入第二场战争，这次，是爱尔兰近卫团派驻土耳其的伊斯坦布尔担任维持和平任务。"一战"以后，奥斯曼帝国崩溃，土耳其共和国取而代之，同时希腊向土耳其进攻，英国原来是支持协约国盟友希腊的，但是不希望希腊胃口太大，而希腊军队不仅越过爱琴海侵入土耳其小亚细亚半岛腹地，而且试图占领伊斯坦布尔。1922年4月，亚历山大的军队奉命防守这座欧亚交汇处的名城，必要时以武力制止希腊人。亚历山大本人获得中校的永久军衔。数月之后，希腊军队打破停战状态，在小亚细亚重新进攻，结果被土耳其军队击溃。希腊不得不收缩回欧洲，放弃占领伊斯坦布尔。1923年7月，英国从土耳其撤军。

1926年，亚历山大进入英军参谋学院深造。参谋学院是英国高级军事教育系统里的初级军校，教授陆军参谋业务。亚历山大一直担任战场指挥官，进参谋学院培训的时候，已经是34岁的上校了。他所在的班级，平均年龄为30岁，军衔最高的仅是上尉，而教官也只是少校或中校。所以，亚历山大在1年上学期间，由上校临时降为少校。1927年亚历山大毕业，即任爱尔兰近卫军团团长。仅仅4年后，亚历山大又直接进入英军最高军事学府——帝国国防学院，这是培养高级军官讲授战略问题的最高学府，学员的平均年龄45岁，而亚历山大当时仅38岁。毕业之后，亚历山大在陆军部和北方司令部当了3年参谋，这是他军事生涯中仅有的3年参谋经历。在这期间，39岁的亚历山大上校与卢坎伯爵的小姐玛格丽特·宾厄姆结婚。

1934年，亚历山大又得到一个英军中令人艳羡的职位：驻印度西北边疆诺希拉旅的准将旅长。当时印度西北边境的山地部落生性好斗，热爱自由，对印度边境时常骚扰,时降时叛,这个旅就是驻边防的打击部队。在当时来说,任命一个与印度军队从未有过任何接触的人担任指挥是非常少见的。亚历山大与以往一样,投入旺盛的精力去熟悉山区作战的复杂情况和印度军队的语言,还率领部队进行了两次攻打部族的战斗。4年的印度生活不光为他的名誉增光添彩,也增加了他的自信心。这时他已经成为英军中最有经验的军官之一了,几乎在各类地形条件下打过仗——从山区到千里冰封的平原。他指挥过坦克部队、炮兵部队和飞机作战,指挥过从排到旅大小不等的部队,甚至指挥过数个国家的联合军队。更重要的是,他热爱军人职业,把战争看成是崇高的事业。

1937年亚历山大升任英国本土的第1师少将师长。当时英国陆军一共只有4个常备师,能当上其中一个师的指挥官很不容易,而45岁的亚历山大,是当时英军中最年轻的少将。

No.3 成名,敦刻尔克

第二次世界大战给亚历山大提供了充分展示特长和才能的机会。因为正是在他处于人生鼎盛的时期,遇到了这一机遇。

1939年,第二次世界大战爆发,英国对德宣战,组成第2支远征军赴大陆参战,总司令是戈特。亚历山大率第1师与另外3个英国师组成第一批英国远征军开赴法国。1940年5月10日,德军闪击西线。按照预定计划,英国远征军越过边境,挺进中立国比利时,防备德军攻打布鲁塞尔。然而自从右翼的法军和左翼的荷兰、比利时联军被打垮后,英军开始逐条河流向法比边界退却,法比边界英军开始和正面进攻的德军激烈交战。到开战后第10天,英军仍然在坚守阵地;而南方,德军已经突贯法国领土,到达海边的阿贝维尔。5月22日,形势越发严重,德军开始从南方沿海岸向北卷击,有占领布伦、加莱港口,切断英军回国退路的态势。5月26日,英国远征军退向敦刻尔克。但这里港口设施不足,无法装载大部队,因此英军只能组织从海滩渡运部队上船撤退。5月29日,"发电机计划"全面启动,英国皇家空军以部分战斗机中队遂行空中掩护,皇家海军动员一切大小船只,甚至游艇接部队回国,而远征军陆军和一部分法军则集结于敦刻尔克周围,组成环形防线。第3军先撤,第2军、第1军和法军从右到左依次排开保卫滩头阵地。第3军撤完以后,第2军军长艾伦·布鲁克将军奉调回国另有任用,其下辖的第3师师长蒙哥马利临时接替指挥第2军。5月31日,远征军总司令戈特勋爵被召回国,临行前,接受蒙哥马利的建议,解除了无能的第1军军长巴克尔的职务,命令亚历山大临时代理1军军长。这样,整个敦刻尔克滩头的英军就由蒙哥马利和

∧ 英法联军正在从敦刻尔克撤离。

亚历山大两人指挥。

按照既定顺序，蒙哥马利的第2军下一个撤退，亚历山大留下来指挥后卫。可以说，在那些精疲力竭的军人当中，他是最冷静的一个。他一直往返在滩头和前沿阵地之间，组织和鼓励士兵，保证他们在等待上船和登船的时间里，保持严格的组织纪律。撤退进行得秩序井然，没有发生争先恐后的混乱。6月2日至3日夜，英国远征军全部撤退完毕，亚历山大带着他的副官最后一遍巡视已空无一人的海滩，然后坐小艇登上外海的驱逐舰回国。在最后的几天中，亚历山大不顾法军敦刻尔克要塞司令的抗议，坚持优先撤退英军，让法军单独承担外围防线的压力，只有在运输船只有空的情况下，才撤退法军。因为这是来自英国战时内阁的命令。结果，敦刻尔克海滩的英军全部安全撤出，外围法军4万人向德军投降。所以，战后直到今天，法国方面对敦刻尔克撤退一直有严重的不满。但对于英国而言，敦刻尔克的意义就在于，英国保留了继续坚持战争的最珍贵的有生力量。正如丘吉尔在6月4日向议会报告敦刻尔克撤退时所说："我们挫败了德国消灭远征军的企图，这次撤退将孕育着胜利！"

敦刻尔克大撤退令亚历山大的名字首次在英国传开。回到英国以后，亚历山大因为在此项任务中表现出来的沉着冷静和组织能力而受到丘吉尔的赏识。丘吉尔在其回忆录中写道："他未被任何情况搅得心烦或惊慌，完成任务便是他最大的满足，尤其是危险、艰巨的任务更能满足他。同时，他还能保持愉快和从容不迫的姿态。"很快，亚历山大便正式担任第1军军长，随后即晋升中将，负责英格兰东北沿岸的登陆防务，年底又晋升集团军级的南方总司令部司令，接替奥金莱克。蒙哥马利则担任最危险的英格兰东南沿海防御任务。他们两人共同的上司，是新任英国国内军总司令，艾伦·布鲁克将军。至此，英军战时高级指挥部的铁三角：布鲁克—亚历山大—蒙哥马利，正式形成。

> 在全国上下的共同努力下，敦刻尔克的英国士兵平安回到了祖国。

∨ 英法联军敦刻尔克撤退时，英军士兵向空中德机进行反击。

No.4 仁安羌之战

整个1941年，亚历山大都在本土指挥南方司令部。随着苏德在东线开战，英国本土遭受入侵的可能性已不存在，但是北非隆美尔的非洲军，开始给英国制造越来越大的麻烦。英军统帅部把注意力转向地中海战场。在1941年到1942年初，英美已经开始计划西北非登陆，在阿拉曼正面作战的同时，从背后给北非德意军插上一刀。亚历山大当时就已经被内定为指挥西北非盟军登陆的人选。然而，随着1941年12月太平洋战争爆发，日军在东南亚和太平洋岛屿发动全面攻势，英国在缅甸本就少得可怜的军队似乎很快就要被征服了。为了改善缅甸形势，丘吉尔试图向远东增兵，但是计算下来，他根本无兵可派。于是丘吉尔做了两件事：一是请求当时的中国政府派遣远征军协助抵抗日军；第二件事，就是任命敦克尔刻的英雄亚历山大中将出任驻缅甸军队司令，归印度总司令韦维尔上将指挥。2月底，丘吉尔和帝国总参谋长布鲁克向亚历山大交代两项任务：1.阻止日军的推进，守住缅甸南部港口和首都仰光；2.如果做不到的话，至少要在缅甸腹地阻止日军，同时避免英军主力被歼灭。另外，亚历山大和丘吉尔之间还达成一个默契：既然丘吉尔没法向缅甸抽调援军，亚历山大只是临时被抽调出来，尽力而为，如果失败了，责任不在亚历山大身上。

1942年3月5日，亚历山大到达仰光。这个时候，英军已经输掉了决定性的一仗，而日军已经到达仰光郊外，另外还抽出一部从北面迂回，从战场形势来看实际上仰光已经没有指望了。但是亚历山大刚刚到任，并不熟悉情况，虽然知道形势危急，但并不了解具体情况。因此，他还是执行了上级的命令，力图保住仰光。于是亚历山大下令不准撤退，而向东南方向正面日军反击。自然，英军反攻失败。3月6日上任第2天夜间，亚历山大认清仰光已不可守，为了防止日军从正东绕道北边包围仰光，只得下令撤退。这是亚历山大军事生涯最接近灾难的一天，如果北撤的决定再晚一天，日军对仰光的合围就成形了。实际上当天夜晚，日军迂回部队已经切断了仰光城北的唯一退路，但是到天亮，这支日军出发去进攻仰光市区，反而放弃了这个至关重要的据点，结果亚历山大的主力幸运地从这个空缺里跳出包围圈。

应该说，亚历山大当时领导的军队，情况比较复杂，不仅有英军，还有缅军和中国远征军。而当时中英之间，实际上是面和心离，远征军的军长们本质上仍然听命于重庆的蒋介石。

亚历山大所面临的是两个问题，一是组织后勤供应和部队撤退路线，二是要在战略上下一个决心，究竟是在缅甸中部固守反击，还是干脆放弃缅甸，退回印度(中国军队退回国)呢？这第二个问题，因为亚历山大、韦维尔和伦敦的三方意见不一致，迟迟拿不出决策来。与此同时，前敌的英军军团指挥斯利姆在撤退中，和远征军的将领

∧ 日军齐呼"万岁"，庆祝占领仰光。

一起计划了几次固守反击的方案，都因为双方协调困难而胎死腹中。同古保卫战失守后，英军向普罗姆退却，这里地形比较开阔，英军只有两个严重减员的师，于是向远征军请求派兵向英中两军接合部延伸防线，掩护两军之间缺口。远征军第5军军长杜聿明最初派了1个营，很快又撤了。4月14日，又一次危机来临，缅甸第1师驻守仁安羌油田，日军从缝隙插入，从北面切断包围了仁安羌的缅甸第1师主力，幸好远征军的国军名将孙立人率新38师及时赶到，经激战肃清日军穿插部队，为英军解了围。这就是著名的仁安羌之战。

　　仁安羌之战后，英军和远征军原本计划4月22日集中4个师，对当面日军发动大规模反攻，但是噩耗传来，4月18日为远征军把守回国后门甘丽初的第6军，突然遭到日军袭击，擅自溃退回国内，远征军主力后路被断。这个形势，最终让盟国下定决心放弃缅甸，分头向印度和中国撤退了。由于亚历山大和斯利姆一个前线一个后方的出色组织，英军方面的撤退虽然经历过几次危机，但总算有惊无险，比较安然地从北缅甸向西，渡过伊洛瓦底江回到印度。5月份东南亚季风季节到来，道路一片泥泞，日军的追击也被阻隔于江河天险之外。

亚历山大前后在缅甸作战两个月，虽然没有完成防守缅甸的任务，但是总算达成了安全撤出英军主力的第二目标。可以说，他又一次凭着深谋远虑、沉着冷静和运气挽救了一支濒于灭亡的军队。经历过两次失败（敦刻尔克和缅甸战役都只能算是失败），对大部分"二战"英军将领来说就意味着军事生涯的结束，可亚历山大似乎正好相反，因为战前与丘吉尔的默契，他的声誉显然没有受到缅甸失败的损害。丘吉尔也明白他派亚历山大去干的是一项不可能的任务，因此，亚历山大1942年7月回到英国继续制订他的西北非登陆作战计划，并被任命为进攻北非的英国第1集团军司令。

No.5 战斗在北非大地

命运之神再次垂青了亚历山大。自从英军在西沙漠的贾扎拉防线之战惨败于隆美尔的非洲装甲集团军，隆美尔乘势一举攻克北非重要港口要塞托布鲁克，英军退守尼罗河三角洲，眼看连埃及也保不住了。8月，丘吉尔视察中东，撤销了中东总司令奥金莱克的职务，由亚历山大接任。几天后，蒙哥马利被任命为前线第8集团军司令。至此，这对黄金组合在北非沙漠的好戏开场了。

亚历山大为了提振士气，把中东总司令部从灯红酒绿的开罗搬到郊外沙漠，自己带一个小型参谋团组成前进指挥所，住在拖车里，尽量靠近第8集

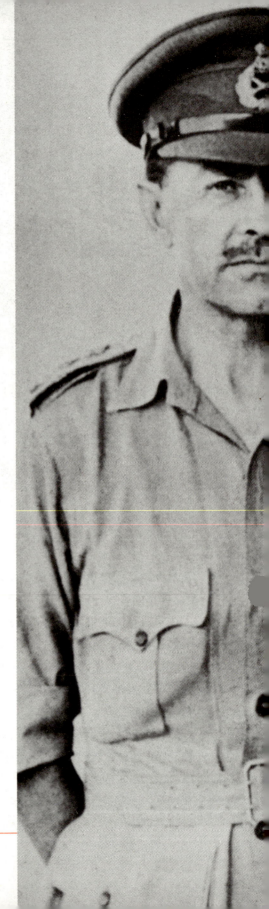

> 在北非，亚历山大与蒙哥马利的合影。

团军和沙漠空军司令部。

亚历山大担任中东总司令的任务，主要是为前线第8集团军提供一切可能的支援，包括战略指导和必要的作战干预，但不包括具体作战指挥，这方面他放手让蒙哥马利发挥。亚历山大跟蒙哥马利是一对很合适的搭档：蒙哥马利拥有出色的战役组织控制能力，在英军中是数一数二的战术家，但是他个性强悍严厉，常常以自我为中心。亚历山大自信而有亲和力，处理盟军关系时颇有手腕，基本可以说是英国版的艾森豪威尔，而且比艾森豪威尔还多一个优点：作战经验无比丰富。为了使蒙哥马利提高自信心和威信，亚历山大为他提供了充分展示自己才能的平台，基本不反驳蒙哥马利的命令，对他的作战计划也很少提出反对意见，而且在政治、管理和心理上，全力以赴地支持他，以达到打败隆美尔这一共同目标。这一切恰好显示了亚历山大惊人的自制力。因为亚历山大不亲临战场的做法，可能会损害自己的威信和部队对自己的信任，而他放弃的种种权力也要冒着可能失去丘吉尔信任的风险，因为首相会认为，一个不亲自指挥战斗的总司令是不称职的。亚历山大在认真估价了蒙哥马利这个有着特殊才能但同时又很难合作的部下后，权衡利弊，作出了这种近似用自己前途进行赌博的决定。值得庆幸的是，他的付出收到了预期的结果。

蒙哥马利在阿拉姆哈勒法战役中成功击退了隆美尔的进攻之后，又开始积极准备阿拉曼的大反攻。这次战役计划也是蒙哥马利制订的。亚历山大作为战区总司令，在阿拉曼战役中主要的贡献，除了提供海空支援以外还有两点：一是战前坚决支持蒙哥马利充分准备，延迟战役发动时间的决定。因为当时丘吉尔在后方越来越不耐烦，施加很大压力催促快点进攻，甚至想过干脆撤换掉拖拖拉拉的蒙哥马利。亚历山大的意见在丘吉尔那里比较有说服力，一方面丘吉尔还能听得进亚历山大的意见；另一方面，在阿拉姆哈勒法战役胜利之后、大战之前同时撤换战区司令和集团军司令，完全是不可思议的事情。第二个贡献，是亚历山大在战役过程中建议转换第2阶段攻势的进攻轴线。阿拉曼战役10月23日打响，德军猝不及防，当时隆美尔在德国休假，而代司令施图姆将军心脏病发作猝死。但是轴心国军队抵抗仍然很顽强，英军发动进攻当夜并未能按照计划清理出雷场通道，之后的第1阶段攻势演变成胶着态势。第2阶段"增压行动"，蒙哥马利把主要突破口选在北面海岸公路附近，而亚历山大认为南方内陆的道路更好，建议在南方突破。一开始蒙哥马利并不同意，亚历山大也未坚持己见，但是亚历山大的参谋长麦克里里坚持要改，同时有情报显示德军装甲师北调，于是最后蒙哥马利改弦更张，经过48小时激战，从南方突破德军防线。11月4日，德军开始撤退。总的来说，阿拉曼战役中蒙哥马利是绝对的主角，亚历山大只能算是配角。

盟军在西北非登陆后，自西向东进攻。地中海战区最高司令艾森豪威尔任命亚历

山大担任盟军第18集团军群司令，统一指挥西边的第1集团军和东边的第8集团军。亚历山大和艾森豪威尔的关系非常融洽，几乎可以说一见如故，艾森豪威尔甚至提出亚历山大拥有丰富的战场经验，是真正合适的战区最高司令，他自己愿意在亚历山大手下任职。当然，这只是个友好姿态，美国人出任战区最高司令是政治决定，跟军事经历无关。亚历山大上任以后整理指挥系统，先把巴顿的美国第2军从英国第1集团军属下独立出来，直属集团军群。因为亚历山大对美军的战斗力不抱幻想，又怕巴顿急于表现轻敌冒进，所以决心亲自牢牢控制住美军的行动。其实亚历山大和巴顿的私人关系很好，或许因为同样出身贵族，两人颇有些惺惺相惜。亚历山大曾说过："巴顿应该是拿破仑手下的元帅。"巴顿并不喜欢英国人，而亚历山大却是巴顿真正欣赏的极少数英国将军之一。除此之外，亚历山大还抽调部队，组建了集团军群总预备队，英国第9军，交给克罗克将军。从现在开始，跟阿拉曼不同了，亚历山大直接负责北非战役的战场指挥权。

北非战役的最后阶段形势如下：东边蒙哥马利第8集团军同意大利第1集团军在马雷斯防线对峙。西边，安德森的第1集团军加上巴顿第2军同德军第5装甲集团军对峙。德军背后，是一个向北面凸出于地中海的突尼斯半岛，半岛顶端有突尼斯和比塞

大两个港口，是德军的后方根据地。如果蒙哥马利从东面进攻的话，德军会渐渐从大陆退入突尼斯半岛。而在西面，英军和美国第2军的位置在半岛根部，换句话说，如果从西向东进攻，则有可能从半岛根部切断东面德军向北的退路。但问题是这里全是山地，装备优势难以发挥。艾森豪威尔曾经建议集中力量在西边中央突破，切断半岛根部，抄意大利第1集团军的后路。亚历山大出于对美军战斗力的怀疑，担心突破不成，巴顿反而会受两个轴心国集团军的夹击，只同意让巴顿在西面进攻有限的目标，没有总司令部允许，不准擅自冒进。而主攻任务交给蒙哥马利久经战火考验的第8集团军老兵。也就是说，亚历山大在不清楚美军能力的情况下，宁愿选择一步步把敌人挤到半岛上再行捉鳖的保险办法，而不愿冒险中央突破先分割吃掉一半敌军。亚历山大的总攻计划，3支部队分工明确：东南方蒙哥马利对马雷斯防线发动主攻，西边巴顿第2军从德军侧背助攻，比巴顿更靠北的英国第1集团军休整训练。

　　1943年3月16日夜，美军首先发动助攻，并且很快取得战果。3月20日东边的蒙哥马利第8集团军发动总攻，德军占有地利，蒙哥马利的突击陷入苦战，于是主动向亚历山大建议，增加巴顿打击德军后方的力度。随后巴顿也不负众望，超额完成了牵制德军正面主力的任务。3月25日，亚历山大亲自视察了美国第2军。接着蒙哥马利也终于突破了马雷斯主防线。随着德军部队逐步抽调到巴顿正面，美军的进展陷入麻烦。为了进一步加强兵力，亚历山大投入总预备队英国第9军，替换巴顿掩护侧翼的美34步兵师"红牛"，让巴顿集中精力进

< 在北非前线上的巴顿将军。

攻。3月30日开始,巴顿猛攻3天,还是啃不动德军的山地防线,急怒攻心之下,巴顿和英国空军开始互相指责,双方火气越来越大,还是亚历山大出面做和事佬才平息这场口水战。4月5日,20天连续激战之后,德军总退却,意大利第1集团军在蒙哥马利正面压迫之下,缓缓通过友邻为他们撑开的一个缺口,向北退入突尼斯半岛,英国第8集团军在追击中向北通过面向东的美2军,与更靠北的英国第1集团军会师。马雷斯之战结束,盟军东西会师,形成一条面向东北的战线,封锁住轴心国两个集团军。这场战役,亚历山大逐渐改变主攻方向,虽然没有切断德军,但是达成了意图挤压德军的战役目的。

接下来,盟军准备给北非轴心国军队以最后一击。在战线正面上,左有第1集团军,右有第8集团军,美国第2军倒反而被"挤出"前线。亚历山大的战役计划,典型地反映他"撑开两个拳头打人"的观念。这次,他决定变化攻击点,让蒙哥马利担任配角,由左翼安德森的英国第1集团军主攻。最初这里没有美军的角色,但是巴顿为此愤愤不平。艾森豪威尔直截了当告诉亚历山大:北非最后的胜利如果没有美军的参与,在政治上是不可容忍的。亚历山大倒是理解这个需要,把美国第2军调到战线最左翼,担任助攻,以半岛顶端西边的港口城市比塞大为目标。4月22日,亚历山大的盟军各部队向安菲达维尔防线全线进攻。经过激战,5月6日终于突破了德军的山地防线。当盟军到达海岸平原后,一切便势如破竹。5月12日,北非轴心国军队两个集团军近25万人缴械投降,连非洲装甲集团军群司令阿尼姆上将都成了俘虏。

这次战役是由亚历山大亲自担任战场指挥,无疑是他生平最得意的成就。因此战后晋封伯爵的时候,他挑选了"突尼斯"作为尊号,而不是日后为他带来更大名气的"西西里伯爵"或者"意大利伯爵"。

No.6 辉煌的战绩

突尼斯战役获胜之后,攻占西西里的战役随之展开。作为集团军群司令的亚历山大,下辖巴顿的美国第7集团军和蒙哥马利的英国第8集团军,实际上他对两个集团军的具体指挥干预并不多。这次登陆的作战计划经历了数次变更。尽管当时英军的海军指挥坎宁安和空军指挥特德非常不满,但亚历山大还是让蒙哥马利负责制订作战计划。其间还发生了一段小插曲:由于蒙哥马利的新计划没有考虑到英国海空军的利益,遭到了他们的激烈反对。而蒙哥马利兜售自己的计划不遗余力,艾森豪威尔司令部的人当时都躲着他走,结果蒙哥马利把艾森豪威尔的参谋长史密斯堵在厕所里,就在厕所里讲解了一通他的计划,坚持立即面见艾森豪威尔,才获得了艾森豪威尔的批准。

▽ 被俘的轴心国军队官兵。

▽ 英军部队在西西里登陆。

∧ 亚历山大（前左）与美军将领克拉克（中）走在西西里海岸上。

∨ 1944年，在意大利的亚历山大（左）与艾森豪威尔（中）、巴顿（右）的合影。

西西里的这次战役并没有取得彻底的胜利。1943年7月10日，亚历山大指挥英军和美军分别在杰拉湾和诺托湾登陆作战。英军在主攻方向严重受挫，而美军则先挺进巴勒莫而后折向墨西拿。结果煮熟的鸭子飞了，德意军余部得以在8月17日通过墨西拿海峡逃回本土。亚历山大在西西里主要的失误，就是过于纵容蒙哥马利，计划一改再改。对属下的控制太宽松，这是亚历山大担任总司令角色的一个弱点。

西西里之后，登陆意大利本土自然是顺理成章的下一步。1943年9月，盟军进入意大利本土，这一次亚历山大依然担任了地面部队的总指挥。总的意大利作战计划，依然延续了亚历山大"两个拳头打人"的思路：蒙哥马利担任助攻，先于9月3日在卡拉布里亚登陆，等德军被调动起来，真正的主攻，来自克拉克将军的美国第5集团军在萨莱诺登陆。萨莱诺这个地点，是亚历山大亲自选定的。9月8日，克拉克的第5集团军5个师在萨莱诺登陆。萨莱诺登陆战一共打了8天，盟军形势一度非常危急，克拉克想依靠奇袭制胜，但是他没有经验，结果奇袭不成，滩头阵地周围的环形高地防线尽被德军占领，左冲右突也打不开封锁线，英美两军之间接合部被德军分割，伤亡惨重。克拉克焦头烂额之下，一度提议要把美军从滩头撤出来，转运到英军的巩固阵地去。在这种危急时刻，亚历山大当年处理敦刻尔克和缅甸危机的经验就显出价值了。

虽然作为集团军群司令，登陆场具体指挥不归他管，但是他这次的确在指挥层起到了决定性的作用。战役期间，亚历山大与盟国海空军指挥官天天见面，协调海空火力支援问题，又出面要求从英国本土抽调战略空军的3个轰炸机大队，直接支援滩头，把当时路过地中海向缅甸战场运送坦克的一支护航运输队截下来，直接送到萨莱诺，甚至把没有去罗马空降而空出来的82空降师2,000名伞兵，直接空投到美军滩头阵地来加强防守。最关键的决策是，亚历山大打消了克拉克退出美军滩头的想法。事实证明他是对的，坚持下去就是胜利，因为蒙哥马利已经从南方前来解围了。德军统帅凯塞林看到盟军两个集团军即将合拢，也不敢恋战，9月17日德军开始撤离。第5和第8两个集团军会合以后，形成一条绵密战线，沿意大利半岛缓慢向北推进。

接下来的战斗进展缓慢而残酷。盟军强渡沃尔图诺河、桑格洛河、加里利亚诺河和拉皮多河的战役，以及三打卡西诺和卡西诺山顶上著名的修道院之战都出现了僵局，而且伤亡惨重。在意大利作战的盟军完成了任务，拖住了德军最精锐的20个师，使其不能向当时的苏联和西欧增援，但战局却出现了僵持状态。

为了打破僵局，1943年12月，亚历山大向丘吉尔建议，派一支强大的力量在敌人右翼背后的安齐奥登陆。这个计划本身是好的，但设想的规模太小，3个师的兵力不足以打开通往罗马之路。部队于1月在安齐奥登陆后，在4个月的时间里只向滩头推进了几公里。亚历山大的老对头凯塞林曾一度调动了一支强大的部队，几乎把登陆的盟军赶下大海。尽管这次行动未达到目的，但却迫使德军不得不分散兵力，并从侧翼对德军的交通线构成了威胁。1944年5月，这个威胁发挥了很大的作用，亚历山大从卡西诺防线发动了主攻，从卡西诺及南端突破了德军防线，并计划了安齐奥的盟军发动攻击的时间，以便切断德军的退路。然而亚历山大的温厚性情没能控制住他的下属，被名利冲昏头脑的美军司令克拉克没有按照亚历山大制订的作战计划去切断罗马通往卡西诺的交通，相反不顾一切去抢占罗马，从而导致盟军错过了全歼德军主力的大好时机。

1944年6月4日，盟军占领了罗马，比诺曼底登陆早两天。同时，亚历山大晋升陆军元帅军衔，时年52岁，只比隆美尔获得元帅军衔的时候大1岁。

从此之后，在意大利的盟军的主要任务便是牵制德军。亚历山大认为，如果陆军实力可以保持，他能够在1944年底以前占领整个意大利，并从当时的南斯拉夫北部向北挺进，在苏军尚未到达之前拿下整个维也纳。虽然丘吉尔站在他一边，但美国方面仍坚持从亚历山大所属的部队中调出7个师在法国南部登陆。这样，亚历山大只能利用剩下的部队尽力把更多的德军牵制在意大利。即使战

争的最终胜利并不会在意大利取得，意大利之战也已经完成了它的历史使命。

1944年底，地中海战区最高司令威尔逊元帅去华盛顿接任新职，亚历山大升任战区最高司令。作为战区最高司令，亚历山大的职责，除了意大利战场，还包括希腊和巴尔干半岛。

这时，意大利已降为次要战场，作战行动也因为雨季平静下来，但在希腊，又有麻烦要亚历山大去解决了。1944年10月，德军从希腊撤退，在伦敦的流亡政府回到雅典。但是领导抵抗运动的希腊共产党，反对希腊流亡政府复辟。希腊两派爆发武装冲突，大有演变成内战的趋势。英国当然是支持流亡政府的，但是在战时又不想让希腊人自相残杀，于是让亚历山大想办法。亚历山大立即飞到雅典，火速从意大利调来部队镇压局面，然后由自己的政治顾问，即后来的英国首相麦克米伦代表英国政府调停两派，达成妥协，现政府首相下台，组成一个联合政府，推出一位两派都可以接受的人物。这样，希腊事态才算是暂时得到控制。

此后，亚历山大重新把注意力转向意大利战场，并且在意大利发起了自己戎马生涯中最大胆，也是最后一次军事行动。当时的帝国总参谋长布鲁克劝亚历山大不要发动主攻，应采取小规模的军事行动来牵制德军。但亚历山大提出以大规模的军事行动以迫使同自己对阵的德军全部投降。在他据理力争的情况下，总参谋部同意了他的作战方案。

意大利的最后攻势开始于1945年4月9日。战斗打响时，先由第8集团军从亚得里亚海一侧发起进攻，然后由第5集团军从中路进军，占领了波洛尼亚。亚历山大的坦克部队在意大利的北部大平原所向披靡，在发起总攻后不到3个星期的时间就打到了法国和奥地利边界，盟军大获全胜。4月29日，意德军队的全权代表在亚历山大的总部签署了无条件投降书，近百万德军当了俘虏，比德国的正式投降还要早几天。

在亚历山大的军事生涯中，除了敦刻尔克和缅甸两次战役外，都是常胜不败的，即使在上述两次战役中，他也起到了收拾残局、挽救大量部队脱险的作用。虽然他在指挥艺术上的贡献多于对战争艺术的贡献，但他风度翩翩的举止和令人信赖的军人素质仍使他蜚声国内外。他擅长外交，总在大家能够接受的情况下贯彻自己的意见。假如别人提出其他建议，亚历山大要么接受，要么折中，这是指挥艺术中最难掌握的方法。而一旦处境危急，亚历山大常常表现出坚定、果断的统帅魄力。虽然他的宽厚性情有时会引来异议，但不可否认，他始终是一个正直的军人，一个充满魅力的指挥官。

战后，亚历山大作为战争英雄，先后晋封子爵和伯爵，并且脱下军装，于1946年出任加拿大总督的荣誉职务。1952年任满以后，亚历山大又应重新当选首相的丘吉尔要求，在丘吉尔内阁担任了两年的国防部长。1969年6月，亚历山大因心脏病发作去世，终年77岁。

Claude John Auchinleck

智勇元帅

奥金莱克

他是北非战场上唯一一个在斗智斗力两方面都赢了隆美尔的人，
他是一名反传统的军事改革者和创新者，
他有着深厚军事理论基础和丰富实战经验，
他热衷于打造军队的"机动性"，
他的军事才能连一向自傲的隆美尔也心悦诚服……
他是克劳德·约翰·奥金莱克。

No.1 农舍中走出的元帅

1884年6月21日，奥金莱克出生于英国奥尔德肖特市。父亲约翰·奥金莱克是苏格兰农民的后裔，曾参加过阿富汗战争和缅甸战争。母亲玛丽·奥金莱克是具有英格兰–爱尔兰血统的土地拥有者的后代。奥金莱克8岁时就不幸失去父亲，由母亲独自抚养成人，因此母教对他的影响特别深远。爱尔兰人骨子里渗透的反权威的革命精神也在奥金莱克身上打下了深刻的烙印，令其在今后的一生当中都对传统和惯例感到不屑。虽然在贫困中长大，但奥金莱克仍然依靠勤工俭学和奖学金接受了良好的教育。12岁时奥金莱克进入英国著名的惠灵顿公学。他极富个性，自信心强，历史、地理、英语成绩极好，但数学不太理想。1902年1月，奥金莱克考入桑赫斯特皇家军事学院，毕业后前往英属印度军队服役，从此开始他的军事生涯。

1914年，第一次世界大战爆发，英国军队与土耳其军队在美索不达米亚展开激战，奥金莱克参加了战争，从中获得了宝贵的实战经验，同时也对传统的军事理论产生了怀疑。1919年，表现优秀的奥金莱克被送进奎达参谋学院深造，1927年又进入帝国国防学院深造。毕业之后，奥金莱克先后担任团长和奎达参谋学院教官。1935年，奥金莱克晋升为少将，次年出任印度陆军副参谋长。

1939年欧洲大陆燃起战火，奥金莱克被调回英国。回国后先是出任第4军军长，率部参加挪威战役，占领纳尔维克。其后又任第5军军长、南部军区司令，并晋升为中将。1941年1月，奥金莱克重返印度，任印度英军总司令。同年7月，当北非战争万分危急之时，奥金莱克被调往该地，接替韦维尔任中东英军总司令，晋升为上将，指挥英军在北非向德意军队发起进攻，取得北非战场的胜利。

1942年8月，奥金莱克因抵制英国首相丘吉尔尽早重新进攻的指示被免职。他离开中东战区后在英国住了1年，于1943年复任印度英军总司令，使印度成为东南亚盟军的稳固基地和训练地区。1946年，奥金莱克被授予元帅军衔，实现了他的元帅之梦。

No.2 第一次胜利，"十字军"

"火线救兵"奥金莱克在北非指挥的第一次战役就是"十字军"战役。

1941年初，北非英军将意大利军赶出昔兰尼加西部地区。然而3月末，德军统帅隆美尔率非洲军开进北非，很快就把英军赶回了埃及。如果德军攻占埃及，盟国从地中海到印度的海上交通线就会被切断，战争形势将不堪设想。当奥金莱克到达北非时，北非的英军士气低落，而王牌第8集团军完全是一盘散沙，开罗的人们急急忙忙地

销毁着文件，仿佛隆美尔下一秒就要占领整个埃及一样。就是在这样的情况下，奥金莱克做出了一个大胆的作战计划，决定在北非发动大规模的进攻，这次作战的代号称为"十字军"行动。

1941年11月18日凌晨，英国第30军悄悄越过边境，直趋托布鲁克要塞。此举出乎隆美尔的预料之外，因为当时隆美尔正全力准备进攻托布鲁克。18日晚，英军击退南面沙漠的德军掩护部队，以先遣部队夺取距托布鲁克环形防线仅20公里的西迪拉杰格机场。11月21日，隆美尔逐渐摸清了英军的部署，命令德国第15装甲师和第21装甲师靠拢，首先打击西迪拉杰格的英国先遣部队。11月22日，边界正面的英国第13军奉命开始进攻。该军的新西兰师之一部开向西迪拉杰格，并于23日清晨攻占非洲军司令部。同日，德军的两个装甲师突然向西迪拉杰格的英军发起攻击，先后进到该地区的英军被德军分割，而德军也遭到重创，170多辆坦克只剩下90多辆。

第8集团军司令坎宁安坐不住了，他认为这次战役已经输定，于是打算让第8集团军退守埃及。在此关键时刻，奥金莱克从开罗飞抵前线，他判断德军损失惨重，反对英军后撤。事后奥金莱克回忆道："我的意见与坎宁安不同，我想隆美尔肯定和我们一样狼狈，尤其是托布鲁克仍不屈地站在他身后。所以我下令继续攻击。"

11月24日，隆美尔率先带领德国第21装甲师越过边界，直捣英国第8集团军的后方，并命令德国第15装甲师和意大利机动军随后跟上。隆美尔的意图是通过袭击英军后方，给英军司令部造成更大的心理震撼，使英军的防线彻底崩溃。然而，德军第15装甲师迟迟未能跟上，意大利的机动军因受到英军阻击而困在途中，第21装甲师也因机件故障、燃料补给缺乏而不能发起快速有效的进攻。同时由于奥金莱克下令迂回德军后方的英军继续战斗，留在阿德姆后面的德国装甲军司令部接连发出求救信号。隆美尔不得不于26日放弃对边界地区的进攻，掉头回撤。11月26日清晨，奥金莱克命令中东英军副参谋长里奇接任第8集团军司令，以保证英军继续战斗。26日晚，新西兰师冲破德军的包围，与托布鲁克的英军会合。但12月1日，隆美尔的军队在贝勒哈迈德再次大败英军，形势又对英军不利起来。这时，奥金莱克再次飞往第8集团军司令部。他正确地估计到，隆美尔的部队现在已是强弩之末，英军在实力上具有将其消灭的可能，因而命令第4印度师和英国第7装甲师从两翼包抄，切断隆美尔的补给线和退路。隆美尔闻讯立即放弃对托布鲁克的包围，一路向贾扎拉退去。12月中旬，在英军的追击下，隆美尔放弃贾扎拉防线，再次退到黎波里塔尼亚的边境城市卜雷加港附近。由于隆美尔向西撤退，留在埃及边界地区的德军部队纷纷投降。至此，"十字

∨ 正在与手下将领一起研究作战计划的奥金莱克。

军"战役终于达到了预期的目标。

　　"十字军"战役是第二次世界大战中英国对德国取得的第一次军事胜利,连丘吉尔也赞叹道:"奥金莱克挽救了这次战役,他用自己的行动证明他作为一个野战指挥官所具有的杰出素质。"而奥金莱克却在这场大胜中发现了英军作战中的大量不足,于是他针对在战斗中发现的问题在英军中进行改革。但英军内部反对声音很大,包括英军北非装甲兵司令在内的多名高级军官反对,奥金莱克不得已将他们撤职。这也为日后奥金莱克的下台埋下了伏笔。

No.3　奥金莱克的"滑铁卢"

　　"十字军"战役胜利后,英国首相丘吉尔再次催促奥金莱克向德军发起进攻。但奥金莱克坚持认为,英军需要充分的时间以完成自身的改组,并使装备和训练得到

Ⅴ　英军士兵蓄势待发。

进一步的加强，如果过早发动不成熟的攻势，不但英军会蒙受巨大损失，而且埃及也会有失守的危险。然而，丘吉尔出于政治上的需要，不愿听从劝告。

1942年1月，隆美尔得到本国的增援后，即准备向英军发动进攻。2月初，英军在贾扎拉一线构筑防御工事准备固守。5月，英国战时内阁正式命令奥金莱克必须在6月1日以前发动攻击，否则他将被解职。由于隆美尔在5月26日抢先对英军发动进攻，奥金莱克这才免遭抗命之嫌。

1942年5月26日夜里，隆美尔带领3个德国师和两个意大利机动军，迅速绕过英军的翼侧，4个非摩托化意大利师则在贾扎拉防线佯攻，由此揭开贾扎拉战役和第一次阿拉曼战役的序幕。尽管隆美尔取得了一定的战绩，但他并未能切断贾扎拉防线英国守军的后路，其非洲军反而损失了1/3以上的坦克。3天后，隆美尔命令德军突击部队背靠英军和雷场设置防御阵地。此举似乎非常危险，却取得了意想不到的战果。在此后的几天里，英军的装甲部队分批向德军阵地发动攻击，均遭损失。隆美尔趁机冲出防御阵地进行反击，分别击溃几路英军。6月25日，奥金莱克命令英军退到离边境较远的阿拉曼地区，以便有充足的时间使士气低落的英军恢复过来，以机动性防御战击退并消灭隆美尔部。

6月30日，隆美尔的德军与意军逼近阿拉曼防线。7月1日，德军开始进攻。英军装甲部队顶住了德军的进攻，英国空军轰炸并击溃了德军供应纵队。7月2日和3日，隆美尔又发动两次攻势，但都受到英军的阻击。德军只剩下26辆坦克，士兵极其疲劳，被迫进行休整。奥金莱克从隆美尔手中夺回了战场主动权，命令第30军抵住德军的正面进攻，同时命令第13军北上出击，打击敌军尾部，"进攻并就地消灭敌军"。可惜，两个军长对他的意图领会不深，执行不力，进攻效果大打折扣。

第一次阿拉曼会战，是"二战"中的决定性胜利之一。奥金莱克在弱势的情况下顶住了隆美尔的疯狂进攻并将战线稳定在阿拉曼一线，为以后的阿拉曼大捷提供了时间、空间，奠定了基础。但奥金莱克在战役中也犯下了严重的错误，在隆美尔进攻托布鲁克时优柔寡断未能在第一时间直接接管军队的控制权，而是照顾部下的面子任其指挥，而最终导致了托布鲁克的丢失，使英军后退650余公里，被俘50,000余人，使得国内国际舆论压力剧增，也直接导致了奥金莱克的下台。

No.4 时乖运蹇

奥金莱克除了有一颗敏锐的心灵外，他还有一种伟大的性格：在逆境中能够坚定不移，个人操守严谨，处事能够以简驭繁。尽管这些素质使他成为一个具有伟大人格的人，但作为一位战区总司令，却并不能使他左右逢源，官运亨通，他与丘吉尔的关系即可为例证。

作为首相和政治家，丘吉尔总希望中东的英军不断传来捷报，以鼓舞英国民众的士气和增加英国在反法西斯同盟中的地位。然而作为军人和战场指挥官，奥金莱克却不能回避战场上的客观实际，不能拿士兵的生命作无谓的牺牲。奥金莱克曾两次迫使丘吉尔就作战时间作出让步，而丘吉尔对此颇为不满。1942年6月底，已经出现英国公众对丘吉尔政府信心下降的信号。由于远东和中东的军事失败，丘吉尔感到自己的地位不稳，迫切需要北非的决定性胜利。8月4日到达开罗后，丘吉尔催促奥金莱克尽早重新进攻，奥金莱克坚决抵制，并坚持无论如何也要到9月才能发动进攻。丘吉尔一怒之下，撤销奥金莱克中东英军总司令兼第8集团军司令的职务，两项职务分别由亚

∨ 1942年，亲赴北非视察英军的英国首相丘吉尔，因为阳光太强烈，不得不打伞前行。

历山大和蒙哥马利接任。

　　虽然奥金莱克具有坚强的性格，使他能抵抗丘吉尔的压力，但他却是一个表里如一的人，缺乏谄媚和外交手段，所以终于被免职。任何想跃居高位的将军必须懂得如何应付政客官僚，他那种不妥协的军人现实主义，对他在伦敦的人事关系变得极为不利。

No.5 敢于挑战传统

　　奥金莱克在心智方面最杰出的特点，就是对传统和正统的强烈反对。1940年夏季他在英国南部任军长时，曾写过一封私函给当时的英国陆军副总参谋长："只要我们始终抓着那些老古董不放手，则我们也就永远不会赢得战争。我敢确信如此。那些蜘蛛网必须立即予以扫除！"奥金莱克是一个平民出身的职业军人，而且又是一名印度陆军的军官，对于英国陆军的"上层阶级"而言，几乎是居于一种双层的外围地位，所以自然与传统的保守主义格格不入。

　　奥金莱克不仅反传统，而且也更具有开放的心灵，经常愿意考虑新思想和尝试新方法。当他任团长时以及后来出任印度陆军参谋学院的高级教官时，都曾介绍当时公认为新奇和富想象力的训练方法：用沙盘教授战术和战略课程；把若干互不关联的"观念"组合成一个完整的计划。

　　此外，对于他的开明思想还有另一个标志，就是他完全没有一般英国人视印度人为"劣等"种族的偏见。英国人一向认为印度部队绝非德军的对手，但奥金莱克从不轻视他们。结果实战经验证明他的想法是正确的，因为在1941年第一次击败德军的英国兵力中，就有印度部队的参加。

　　在赢得第一次阿拉曼会战后，奥金莱克即计划对英国的装甲师和步兵师进行一种永久性和真正彻底的改组。从"十字军"作战起，奥金莱克就已经发现第8集团军的致命弱点：装甲兵和步兵在战场上不能密切合作，这是因为英国陆军的各兵种本来就缺乏共同的思想和训练。而德国陆军的各兵种都是同一思想之下接受联合的训练，在战斗时也是如此。奥金莱克为了医治英国陆军的这一痼疾，主张彻底取消分立的装甲师和步兵师，而另外设立一种新型的"机动"师，那是一种装甲兵和步兵的平衡组合。这样才能使两个兵种，再加上炮兵，可以在同一师长下，接受训练和战斗。换句话说，合作将建立在师的结构之内。"二战"后所有北约和华沙公约的陆军都采用装甲步兵的联合编制，那也正是奥金莱克在1942年所建议的形式，由此可以证明他的确具有创造性思想和过人的远见。

　　奥金莱克饱读军事史，尤其欣赏美国内战中的石墙杰克逊及其谢南多厄战役，

∧ 奥金莱克在北非前线。

用他自己的话来表示，"其欺敌和机动"给他留下了极为深刻的印象。第一次世界大战时，他在美索不达米亚的个人经验，更证实了此种对机动战争的偏好是合理的。然而，他的这种思想理论却是曲高和寡，得不到众人的认可。直到20年后，德军闪击战在法兰西和低地国家大获全胜时，他的这一理论才得以被认可。

　　新成立的第8集团军所拟发动的第一次攻势，即"十字军"行动，在计划制订时也充分表现奥金莱克对新奇路线和机动观念的癖好。最初，他命令当时的第8集团军司令坎宁安研究两个方案：一是"传统性"的想法，故意进攻阻塞海岸公路的敌军防线，然后再沿着埃及到利比亚的边界向内陆伸展；另一种是富有高度雄心的观念，向沙漠中作深入的侧进，以在班加西以南切断隆美尔的交通线为目的。经过详细研究之后，坎宁安和他的幕僚们认为第二条路线在后勤上有难以克服的困难，在战略上也非常危险，因为届时英军的交通线不但十分绵长，而且会暴露在敌军的攻击之下。于是坎宁安提出一项比较温和的建议：让英军的装甲兵力绕着敌人边界防线的南端旋转，然

后向西北直驱托布鲁克，那个孤立的要塞仍在英军坚守之中。他相信隆美尔为了保护自己的交通线和维持对托布鲁克的围攻，将被迫接受挑战，在以后的会战中，英国装甲兵以数量优势也就可以击败他。奥金莱克采纳了这种建议，他指出"这种观念就是用迂回行动以迫使敌人离开阵地，并在非他所选择的地区上进行战斗"。

1942年7月的第一次阿拉曼会战更能证明奥金莱克对机动和欺诈的癖好。当时隆美尔正在胜利的高潮上，而奥金莱克却能在他的手中逐渐夺回主动权。奥金莱克不把南非第1师布置在环绕阿拉曼的边线上，而把它分为机动的旅战斗群用在南面的开放沙漠中。当7月1日和2日隆美尔企图突穿和包围英军时，他立即受到这些机动战斗群的猛烈侧击。此外，在战斗打响后，奥金莱克又从阿拉曼的中央和南面撤出两个步兵"盒子"(即静态的防御据点)，以使全部兵力可保持机动和集中。

因为第8集团军在过去都只以消极防御为满足，奥金莱克却命令立即反攻，指定富有雄心的目标，这完全是德国人的作风，而不像英国人的习惯，即在计划中以追求

有限的目标为满足。但第8集团军的部队对这种战斗计划难以适应，于是使奥金莱克受到"不切实际"的批评。尤其是他的参谋长多尔曼·史密斯少将也是一位引起争论的人物，所以也就更使他成为众矢之的。

多尔曼·史密斯是爱尔兰人，与奥金莱克的夫人是同乡，他具有近似刻薄的机智和过分活跃的想象力。奥金莱克选择他做参谋长，也表示他对传统思想的反抗。战后，奥金莱克曾说："我选择多尔曼·史密斯是因为我知道他有一个极富思想、充满活力的好头脑，一个新鲜的心灵。"在第一次阿拉曼会战中，正是根据多尔曼·史密斯的建议，奥金莱克把反攻的目标定为意大利部队，以强迫隆美尔用德军来作前后奔走的援救，由此才获得巨大的成功，到7月16日隆美尔就完全丧失了主动权而被迫采取守势。隆美尔在给妻子的信中写道："敌人正在利用其优势，尤其是步兵方面，来把意大利部队一个接一个地击毁，而德国部队又太弱，以至于无法独立支持。这实在足以令人痛哭。"

虽然奥金莱克任中东英军总司令仅有1年时间，却为英国立下了汗马功劳。由于他的努力，英军才得以顶住隆美尔的进攻势头，度过了第二次世界大战史上最艰苦的时刻。英国军事历史学家巴尼特认为，除了斯利姆将军外，奥金莱克是第二次世界大战时期英国最杰出的将领。隆美尔更是给予了奥金莱克极高的评价，他在叙述第一次阿拉曼战役时认为："在英国居然没有任何人认识到奥金莱克赢得的这场规模虽小却极为出色的战役的价值，这真是太遗憾了。"

战后被授予元帅军衔后，奥金莱克退出现役，安心在家撰写回忆录。1981年3月23日，奥金莱克在摩洛哥马拉喀什逝世。

Arthur Trayes Harris

痴迷轰炸的枭雄

哈里斯

他是世界空战史上最具争议的人物之一。
他公开赞成用轰炸机将德国的城市夷为平地，
他也因此被人们称为"轰炸机"和"屠夫"，
他的支持者在伦敦为他树立雕像的同时，
他的反对者却在伦敦和柏林涌上街头抗议……
他是阿瑟·特拉弗斯·哈里斯。

No.1　出身平凡的大元帅

　　1892年4月13日，哈里斯降生在英国切尔特南的一个普通家庭里。他的父亲是一名派驻印度的文职官员，母亲则是一位军医的女儿。哈里斯与父母一起在印度生活了5年才回到英国读书，先后就读于西廷伯恩的预备学校和德文地区的奥哈里斯学校。在学校期间，哈里斯热爱运动，体育成绩很好，因此毕业之后，他的父亲希望他成为一名军人。但也许出于年少的叛逆，年轻的哈里斯断然拒绝了父亲的建议。由于他家

∧"一战"时期，德国的"齐柏林"飞艇。

　　在英国没有什么产业，并且他在职业选择上又与父母的意见不一致，于是在1908年，只有16岁的哈里斯决定自食其力，独自前往当时还属于南非的罗德西亚谋生。当时他随身只带了5个英镑。在接下来的几年中，哈里斯在罗德西亚干过许多种工作：采过金矿、做过农活，甚至还赶过马车。当罗德西亚出现第一批汽车时，他又当上了一名汽车司机。这段艰苦的生活没把他击垮，相反他还挺喜欢罗德西亚这个地方，常常自称为罗德西亚人。

第一次世界大战爆发后，同其他热血青年一样，当初拒绝从军的哈里斯改变了初衷，作为一名号手加入了罗德西亚第1团。该团在德属西非打过很多次艰苦的战斗，经常长途跋涉，忍饥挨饿。尽管如此，他们仍然在这个遥远的战场上打败了德军。1915年7月，西非战役宣告结束，罗德西亚团也被解散，不甘心就此告别战场的哈里斯回到英国，寻找其他参战的机会。

哈里斯觉得自己在非洲已经尝够了步兵的滋味，因此很希望换个兵种。他本来想去皇家炮兵部队，碰巧当时炮兵满员，没有空缺，于是他只好来到皇家飞行部队碰运

气。1915年11月，一个改变他命运的机会降临：经过在陆军部工作的亲戚的帮助，哈里斯参加了皇家飞行团，于是这位未来的轰炸机司令部司令便从这个偶然的机会开始了他的航空生涯。哈里斯先是在飞行学校进行学习，获得了飞机驾驶执照。后来他又到了阿帕文基地，在两个月的时间里，共飞行了10多个小时，这使得他很快在1916年1月获得了皇家飞行团的全部认证。随后，他又被派往诺斯霍特学习夜间驾驶技术以对付德国的"齐柏林"飞艇。

1916年3月，哈里斯被派往西线，在驻亚眠以北的第11飞行中队服役，该中队主要活动在索姆河前线。9月，哈里斯转入第70飞行中队服役。然而就在10月的一次返航途中，他的飞机出现故障，在紧急着陆时手臂受伤，只得回国休养。1917年6月，伤愈的哈里斯又同支援部队一起参加了第45飞行中队。在西线经历了数个月的前线飞行员生活后，哈里斯升任飞行指挥官，定期率领飞行编队对前线进行巡逻。当时地面部队正在帕斯琴戴尔战役中浴血奋战，他们中队的主要任务就是进行侦察和保护为炮兵搜索目标的观察机。哈里斯经常要与德军战斗机进行空战，此时的他也已成为王牌飞行员。1917年11月，哈里斯回到英国，担任第44飞行中队队长。这也是个本土防御的飞行中队，其任务是保护伦敦不受德军"齐柏林"飞艇和轰炸机的攻击。

"一战"结束前夕，哈里斯已升为新成立的皇家空军的一名少校，并荣获了空军十字勋章。4年大战的切身经历给哈里斯留下了深刻的印象，尤其是在可怕的战争条件下，地面作战中那旷日持久、徒劳无益的反复屠杀，不仅不能取得决定性胜利，而且使交战双方精疲力竭。他认为，当一场战争进行时，一定会有一种更好的方式来战胜敌人。

战争结束后，已成为父亲的哈里斯面临着复员并因此可能失业的问题。然而幸运的是，1919年，哈里斯意外地得到了皇家空军的永久军职任命状。虽然最初他想拒绝留在英国空军，打算回到罗德西亚去，不过，最终他还是同意留了下来。正是这一转念决定了哈里斯后来担任轰炸机司令部司令。

不久，哈里斯被派往印度，指挥第31飞行中队，在陆军的指挥下参加西北战场的作战。1922年11月，又转往伊拉克指挥第45飞行中队。当时，英国皇家空军的任务就是在经常出现骚乱的部落地区维持治安。他们中队是一支负责运送部队的飞行中队，装备的飞机是"维克斯弗农"型，这在当时还算得上是一个庞然大物。期间还曾发生过这么一段小插曲：有一天哈里斯发现"弗农"飞机的底部有个洞，便让人趴下从洞里向外看。这使他受到启发，于是便把运输机改装成了颇有效的轰炸机。这段时期对他今后思想的主要影响就是：空军不一定要在陆军的指导下作战。

哈里斯的下一个职务仍然是飞行中队长。这一次是指挥驻守在沃西道恩的第58飞行中队。这段经历对他来说非常有意义：在任职期

间，经他极力主张，"维克斯弗吉尼亚"重型轰炸机练习并提高了在困难重重的夜间
轰炸和导航的技术。1927年夏，他荣获了英帝国勋章，并晋升为中校。而且，哈里斯
的表现也引起了一个人的密切关注，这个人就是他友邻中队的队长查尔斯·波特尔。
波特尔非常欣赏哈里斯，正是这位"伯乐"，在后来荣升为英国皇家空军参谋长之后，便任命哈里斯为轰炸机司令部司令，并且在空袭战时对他全力支持。

到1927年，哈里斯已经积累了10年的指挥空军飞行中队的经验。他运送过部队和机器、轰炸过地面目标，尤其是对发展夜间轰炸和航行的高难技术有着突出的贡献。通过实践，一种新的作战思想在哈里斯的脑海中产生了，他认为：皇家空军应该摆脱陆军的控制而独立执行作战任务。他极力主张发展高性能的轰炸机，把空军轰炸机部队建设成为一支主力部队，在战争中对敌方的重要目标实施大规模空袭，使其迅速丧失作战能力，从而赢得战争。

1927年，哈里斯进入坎伯利参谋学院深造。1929年毕业后，哈里斯赴中东任职3年半。此间，他与陆军接触较多，但却认为陆军的很多想法陈旧而过时。1933年8月~1937年5月，哈里斯在空军部任职，开始是在作战与情报部当参谋，后来又担任计划部副部长。这段时期他的主要工作就是参与计划和发展新一代的轰炸机，并就对德作战效果进行研究。在此期间，哈里斯在与其他主要兵种和军种打交道的过程中充分施展了自己的本领和才智。一位曾与他共事过的军官曾这样评价说："毫无疑问，他确实常常过分强调自己工作的重要性，但他的辩论富有幽默感，因此，不论同事们与他的意见如何大相径庭，仍能与他友好相处。"

1936年英国皇家空军组建了数个特种司令部，包括歼击航空兵司令部、轰炸航空兵司令部、海岸航空兵司令部等。1937年6月，哈里斯离开空军部，到新成立的轰炸航空兵第4空军大队担任了1年的指挥。这是他最心灰意冷的一段时期。那里飞机陈旧，政府官员又百般刁难，不予支持，使他们得不到必要的训练设施。1938年，哈里斯率领皇家空军代表团访问美国，商谈关于购买飞机以及培训飞行员的事宜。他与亨利·阿诺德、易拉·易克等美国陆军航空队的高级官员进行了会晤，达成了为英国空军购买美制"哈瓦德"和"哈德逊"飞机的交易，提高了英国空军的装备实力。

哈里斯从美国返回后，上级本来打算派他到战斗机司令部工作，担任道丁将军的高级参谋官。无疑，如果他接受了这个任命，未来的战争史恐怕就要改写了。不过最终他说服了上级，没有到战斗机部队服役，而是前往中东，就任驻巴勒斯坦和外约旦的空军部队的指挥。

1939年9月，第二次世界大战刚刚打响，时为空军少将的哈里斯开始掌管英国皇家空军的第5航空队，指挥10个飞行中队的行动。在开战后的第一年中，他致力于提高轰炸机部队在战斗中的地位。他建立起正规的训练机构，反复地强调维修保养的重要性。然而，在战争的前几个月，哈里斯的轰炸机大队的任务主要就是利用夜间向德国的城市散发传单。

哈里斯坚决反对滥用轰炸机，为此，他为轰炸机找到了一项合适的任务。当时只有他的飞行大队的"汉普登斯"型飞机可以运载海上水雷，在他的领导下，英空军第一次从空中向德国近海布了水雷。战争后期，几乎每个轰炸机飞行大队都担任过类似的布雷任务。据说，当时有数百艘德军船只被皇家空军从空中布下的水雷炸沉或炸坏，结果，德军不得不动用近40%的海军兵力执行扫雷任务。而这种水雷战的先驱就是哈里斯。

1940年11月，哈里斯又调任新职，升任空军副参谋长并晋升为空军中将。这恐怕也要归因于他当年的老同事、被任命为空军参谋长的波特尔。

当德军飞机对伦敦实施大规模轰炸时，哈里斯正好在伦敦。他站在空军部的楼顶看到伦敦一片火海，感触很深，渴望有朝一日英国皇家空军能够以牙还牙，给予还击。但当时他也许并未想到后来这个报复行动的主要实施者就是自己。从德军飞机的空袭中，他还意识到，燃烧比爆炸更能有效地摧毁一座城市。这个印象深深地刻入他的脑海。后来，当他指挥英国轰炸航空兵对德国的工业城市实施轰炸时，基本上采用了"燃烧"战术。

1941年5月，哈里斯再次率领一个皇家空军的代表团出访当时仍保持中立的美国，敦促美方尽快把为英国制造的飞机和装备交付英方。在华盛顿期间，他不仅与罗斯福、马歇尔等美国国家领导人建立了紧密的联系，还结交了塔尔等空军将领。通过塔尔将军的关系，美方后来在佛罗里达提供了一处设施为英国培训飞行员。

当令世人震惊的珍珠港事件爆发时，哈里斯和他的夫人正好就在华盛顿。当时，美国的战争部长向哈里斯提出要中止一些与英国皇家空军已签订的合同，并要求将一些设施交还给美国军队。但是，哈里斯拒绝了他的要求。当美国的助理航空部长罗伯特·利沃特指出，美国的太平洋舰队正处于极端的困境中时，哈里斯只是平静地对他说："那又怎样呢？"在数月之后，有更多的坏消息传来，这时，哈里斯说："这就是我们出发的地方。"

哈里斯访美期间，英国轰炸航空兵已执行了20个月的空袭德国工业区的战略任务。当时采取的战术是"集中轰炸"，此种战术的要旨是，皇家空军除保卫本土外，主要应大规模地使用重型轰炸机攻击（如有可能的话，在白天实施攻击）德国的工业，使德军由于断绝军事物资供应而输掉陆地战争。但这种战术在1939年就受到冲击，因为白昼轰炸机很难生还，轰炸航空兵部队被迫改在夜间执行任务。但是经过1940年和1941年的实践证明，轰炸机无法准确地在夜间发现工厂、船坞和其他军事设施。此外，在对实施空袭以来的效果进行审查后发现，空袭的命中率很低，而随着德军的防空力量的加强，英国轰炸航空兵的损失却是急剧上升。于是轰炸机司令部接到命令，暂时停止远距离空袭，以积蓄力量。几个星期后，司令理查德·皮尔斯被撤换，并被派往印度任职，接替其司令职务的正是哈里斯。1942年2月，哈里斯返回英国，走马上任，担任英国皇家空军轰炸机司令部司令，不久擢升为空军上将，并获得爵士头衔。

No.2 轰炸！轰炸！

当时英国的轰炸机部队还算不上是一支令人生畏的力量。在1942年，英国皇家轰炸机部队只有51个轰炸机中队，每个中队拥有20架轰炸机。但是，其中有27%的飞机因为进行改装而不能飞行(而到1945年春天，哈里斯拥有108个轰炸机中队，其中只有不到1%的飞机不能飞行)，并且皇家空军的大部分轰炸机不能携带重型炸弹进行长途突袭。哈里斯经过清点发现，在378架可执行任务的飞机中，只有69架是重型轰炸机。当时还没有一架"兰开斯特"轰炸机进入现役。

哈里斯曾在电报中提及，在战争的最初几个月里，英国的轰炸机部队还仅仅局限在对少数几个有限的敌方海军基地内的敌军战舰进行间歇性轰炸，并没有对德国的目标进行具有战略意义的轰炸。在1941年8月呈交给丘吉尔战时内阁的报告中称，只有1/3的轰炸机能够在进入距离目标8公里的范围进行轰炸，而其中有许多只是草率地将炸弹投向了开阔的旷野中。

尽管轰炸机司令部有许多缺陷，但是它对于正处在战争中的英国来说是不可替代的。在1942年，英国所处的战略地位比轰炸机司令部的处境更糟糕。英国正在发动一场全面性的战争以争取国家的生存。当时，北非的胜利还没有到来，诺曼底登陆更是几年之后的事情，英国只有远程轰炸一种手段能将战争引向德国境内。当苏联正在失去大片的东部领土时，英国只有远程轰炸一种手段能对苏联盟友进行支援。在战略、政治意义上以及道义上来讲，都要求英国对德国进行轰炸。

而当时的轰炸航空兵正处于十字路口，摆在空军参谋人员面前的有几种抉择：一种，是取消轰炸航空兵，完全放弃以战略轰炸机重创或挫败敌人的美梦，剩下的轰炸机分队只限于执行直接支持陆军和海军的任务。另一种，是轰炸航空兵要能设法解决发现目标的难题，恢复对德国重要工业目标的轰炸，即"精确轰炸"。第三种，是寻找一种折中方案，轰炸航空兵要改变空袭的方式和任务，量力而行。经过权衡，空军参谋人员决定采用最后一种方案：既然轰炸机难以辨别军工厂，那么就应该轰炸容易辨认的大城市。1942年2月1日，英国空军参谋部发出命令：轰炸航空兵恢复对德国的全面军事行动，并称"现在，你们空袭的首要任务是集中挫伤敌国士气，尤其是产业工人的士气"。列为第一批空袭目标的德国工业城镇有18个。但是这种新的大面积轰炸只是权宜之计，一旦发明了新的导航设备，改进了寻找目标和精确轰炸，还要恢复精确轰炸，命令中还为今后的精确轰炸列出了12个目标。

这道命令对于新官上任的哈里斯来说无疑是个好消息。在哈里斯看来，轰炸机司令部是"盟军唯一能够使用的打击德国本土的办法，在盟军的攻势战略中居于核心地位"，因此他的首要任务就是恢复轰炸航空兵作为主要兵种的地位，并重新确定

∧ 英军装备的"兰开斯特"轰炸机。

战略轰炸是战胜德国的主要手段的政策。他认为，摧毁敌人的工业城市一定会逐渐削弱德国。只要有足够的意志和充足的飞机、人力，轰炸敌方大城市的政策一定会奏效。他的想法得到了首相丘吉尔的有力支持，因为丘吉尔相信轰炸德国是"我们现在能够采用的最有效的摧毁敌人意志的方法。"在战争期间，丘吉尔喜欢邀请司令官们在深夜与其共进晚餐。哈里斯利用这个很好的社交机会来赢得首相的信任，并巧妙地将主要的战报和轰炸机司令部所需要的都写进备忘录以便丘吉尔能够批阅并落实这些建议。

哈里斯在家里布置了一个"变化展示室"，展示了很多照片，生动地反映了轰炸航空兵给德国造成的巨大破坏，以改变人们对轰炸航空兵的看法。战争期间，他和妻子分别邀请了5,000人到家里做客，主要就是为了让他们参观"变化展示室"。

虽然表现得善于交际，但事实上，哈里斯是个实干型的司令官。他每天早上都要听取关于前一天晚上轰炸效果和飞机及人员战损的简报，他每天的主要任务是指挥全部的轰炸机编队。因为英国的天气变化无常，所以直到当天早上才能确定当天晚上的轰炸目标。哈里斯的日常工作就是选择轰炸目标，然后把制订轰炸计划细节的工作交给参谋们，这些参谋将会把最终的轰炸计划通报给哈里斯。从任何意义上讲，哈里斯都是一个战场指挥官，对所有攻击任务做出决定并对其负责。在战争的大多数时间里，他直接对美英联合司令部报告。

哈里斯说话温和，但处事果断，雷厉风行。他十分注重部队的管理和训练，时刻要求部下全力以赴。在空袭中如有飞行员或飞机受损，他马上加以补充，并设法尽快使各飞行中队用上最好的设备。他常说，别的将军在一年之中不过拿自己的军队冒一两次危险，而他则是日复一日在每天晚上使他的部队处于危险之中。他的军队是唯

∧ 正在装载炸弹的英军"兰开斯特"轰炸机。

——支在一夜之间就可以输掉整个战争的军队。

在哈里斯的领导下,轰炸航空兵部队士气高昂,军纪严明,训练有素。更让他高兴的是,这时英国有一批新型轰炸机投入了战场,它们是:"斯特林"式轰炸机,载弹6.3吨,航程3,040公里;"哈利法克斯"式轰炸机,载弹5.9吨,航程2,000公里;"兰开斯特"式轰炸机,载弹10吨,航程2,700公里。同时,轰炸机上的导航瞄准设备也得到明显的改进,先后有新产品问世:一种代号叫"骏马",它使领航员能够利用无线电坐标方格以确定空中精确位置;另一种代号叫"双簧管",它能够精确地引导轰炸或准确地指示目标;第三种是H2S系统,它能够提供飞机下方地面的雷达图像。这些设备使轰炸机能够以密集的编队迅速飞行,从而大大缩短了在目标地域上空的留空时间。

英国军工的技术进步令哈里斯和他的轰炸机部队如虎添翼,轰炸机部队的出色表现也让它终于变得引人注目了。至此,对英国人来说,战略轰炸进入了一个酣畅淋漓的阶段;而对德国人来说,则意味着恐怖和灾难的到来。

No.3 "千机大轰炸"

　　尖端军工技术的应用使轰炸机司令部能够更加出色地完成轰炸任务，但是哈里斯依然崇尚在夜间进行轰炸，这是因为德国的空中防御力量十分强大，他相信只有大规模的轰炸才能克服这一点。在他看来，在密集的有雷达导引的高射炮和装备了雷达的德国夜间战斗机的防御下，在一次空袭中派出300架飞机可以提高己方的生存率。而动用700~800架飞机进行连续的空袭的效果是最好的。他认为，一旦集中兵力对德国城市进行大规模、高强度的"面积轰炸"之后，当一座座名城在凄厉的空袭警报声中被摧毁之后，必将挫伤其民心士气。于是，"千机大轰炸"计划应运而生。

　　不过，为了验证效果，哈里斯决定先小试牛刀。他命令轰炸机对卢卑克和罗斯托克这两座较小的城市进行空袭。这两个目标都位于波罗的海沿岸，容易辨认，防御也相对薄弱。哈里斯决定把这两个目标当做通过燃烧摧毁城市的实验物。1942年3月28日晚至29日凌晨，哈里斯派出191架轰炸机空袭卢卑克旧城，引发32小时的大火；4月24日至27日夜，哈里斯又派出468架轰炸机空袭罗斯托克，使旧城区60%以上的建筑物燃起大火。

　　第一次的尝试十分成功，更为哈里斯增添了信心，接着，他便着手制订一个当时被认为是极其大胆的行动计划，美其名曰"千机计划"，即一次动用1,000架轰炸机，摧毁一座严密设防的德国重要城市。

　　1942年5月初，哈里斯找到了副司令桑德比，问他是否能拿出1,000架轰炸机。桑德比给了哈里斯肯定的答复。当时英国皇家空军轰炸机司令部共辖37个中型和重型轰炸机中队，装备400架轰炸机，如果空袭行动为48小时，则能够使用的后备轰炸机有500架。此外，英国皇家海军岸防司令部还可提供250架"惠特利""哈德逊"和"汉普敦"轰炸机。这样一来，即使轰炸机司令部用新型的"兰开斯特"轰炸机代替老旧的轰炸机，总数也能达到1,000架。为确保"千机计划"能够实施，哈里斯游说丘吉尔首相，最终获得强力支持。

　　但一次动用这么多轰炸机进行空袭在历史上还从未有过，面临许多棘手的问题。一是空袭必须越过德国"华盖床"系统，即主要由"维尔茨堡"防空雷达组成的探测、引导系统，以及Bf110G-4a夜间战斗机和大量FLAK高炮组成的"康胡贝"防线。在以前的空袭中，英军轰炸机在这个防线前吃尽了苦头，损失惨重，而1,000架轰炸机对德军防空火力来说更是异常肥美的猎物。如何才能降低战损？二是"兰开斯特"及其他新型轰炸机装有先进的导航设备，但许多老式轰炸机却没有。怎样对这些不同型号的轰炸机进行编队，才能避免空中碰撞？三是预定计划空袭持续1个小时，目的是用短时间的密集轰炸来增大投弹强度。但在这么短的时间里，1,000架轰炸机能到达目标

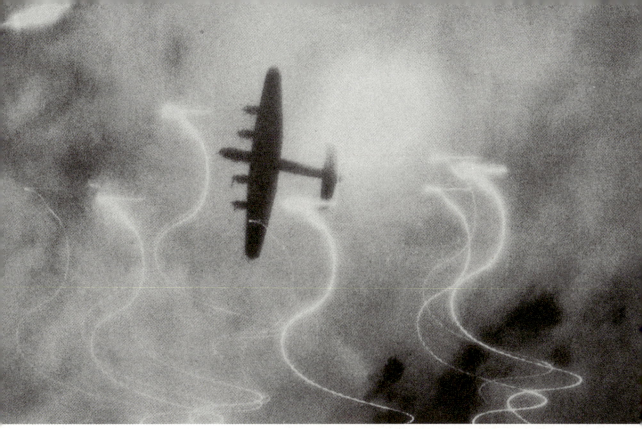

∧ 英军轰炸机在夜色的掩护下，对德国城市进行空袭。

∨ 工厂装配线上加紧时间装配的"兰开斯特"轰炸机。

区并投下炸弹吗？

　　哈里斯把这些问题交给专家们解决。专家团很快就拿出了解决方案。针对第一个问题，专家们建议轰炸机最好在夜间实行长长的"溪流"式密集编队，这样轰炸机群被德军"华盖床"系统发现的概率会大大降低。因为当时德军每个"华盖床"一次只能引导一架夜间战斗机进行拦截作战，只适合对付小规模轰炸，对纵长横短的条状密集编队拦截则力不从心，而德军高炮又不可能在很短时间内对大量目标进行集中射击，因此专家们相信"溪流"式密集编队可在很大程度上降低轰炸机损失。第二个问题的解决办法是，新老轰炸机分开编队，分别攻击一座城市的3个不同区域，并且飞行时拉开高度，这样碰撞的几率将会下降到每小时仅一次。第三个问题更好解决，将空袭持续时间延长为90分钟，这样轰炸机群将会飞得更从容，也不会对投弹强度产生太大影响。哈里斯对专家们提出的解决方案很满意，立即指派参谋长查尔斯·波特尔将军制订详细作战计划。

　　现在剩下的唯一问题是确定空袭目标。哈里斯想轰炸德国第二大城市汉堡，丘吉尔则想轰炸工业中心埃森。但作战研究室的专家们认为埃森不是一个好目标，因为整个城市被众多工厂排出的烟雾所笼罩，轰炸机在夜间很难瞄准目标。他们认为鲁尔工业区的科隆是个理想目标，因为它相对距英国较近，轰炸机飞临该城比较容易。更重要的一点在于科隆是德国主要的铁路枢纽，如果被摧毁，德国境内的物资运输能力将会遭到严重破坏。哈里斯听了专家们的建议后，向丘吉尔作了转述，首相不再坚持己

<　＞ 英军轰炸后，德
国城市化作一片废墟。

见。这样，具体轰炸目标将根据行动时的天气情况而在汉堡和科隆之间选择一个。

5月20日，波特尔向哈里斯提交了详细作战计划，哈里斯看后更坚定了自己的行动决心，随即拍板将行动日期定在5月27日夜。但海军部却在此时突然拒绝参加空袭行动，理由是他们要对付猖獗的德军潜艇。听到这个消息，哈里斯差点抓狂，这意味着他能动用的轰炸机总数将下降到800架。为避免计划流产，哈里斯赶紧四处寻找可用的轰炸机和机组成员，甚至动员飞行训练司令部的轰炸机、教官和学员也参加。尽管从哈里斯内心来说并不愿那些无经验的"菜鸟"参加，但他别无选择。皇天不负有心人，经过几天努力，哈里斯终于又凑出了200多架轰炸机，包括一些没有归还岸防司令部的轰炸机和机组成员。

万事俱备，只欠东风。然而，老天爷似乎故意要刁难一下哈里斯，西欧的天空连续多天阴雨，行动只好推迟。5月30日，天气才逐渐好转。英军气象军官向迫不及待的哈里斯报告说第一目标汉堡上空仍被厚厚的云层笼罩，但第二目标科隆上空已经放晴。哈里斯立即下令放弃汉堡，改攻科隆。

5月30日22时30分，1,047架轰炸机从遍布英国的53个机场陆续起飞。同时起飞的还有113架其他飞机，任务是压制科隆附近的德军夜间战斗机基地。飞行员们被告知，一旦机群飞过西欧上空，就开始寻找莱茵河，以它为导向标飞往科隆。

第一波轰炸机飞到科隆上空时，机组成员们借助月光清晰地辨识到了目标区。科隆的防空部队反应慢了一拍，当空袭警报响起的时候，英军轰炸机群已经开始投弹。

顿时，成吨的燃烧弹如冰雹一般倾泻而下，科隆旧城区顿时成为一片火海。德军防空部队仓促应战，只击落了4架轰炸机。在火光映照下，后续飞来的英军轰炸机群很容易地找到了自己的目标区域并投下炸弹，整座科隆城完全被雷鸣般的爆炸声淹没。密集轰炸如此恐怖，以致当最后一架英机返航时，从160公里以外也可看见科隆燃烧而映照的火光，浓烟更是直冲4,600米高空。

"千机大轰炸"震惊了世界。此次空袭，英军轰炸机所投炸弹2/3为燃烧弹，科隆2.43平方公里的区域遭到破坏，市中心一半以上的街区被摧毁，科隆顿时成为"人间地狱"。在空袭中，469人被炸死，45,000余人无家可归。空袭过后，近70万的科隆市民中有15万左右逃离了该城。哈里斯的名字在德国人那里，从此成了恐怖和灾难的代名词。

而在英军1,047架参战的轰炸机中，仅有43架损失，损失率为4%。与以前6%的损失率相比，这次的损失率明显下降，证明了哈里斯的大规模密集轰炸方式是正确的，并由此成为此后英军轰炸机的标准空袭方式。

此后，英军趁热打铁，于6月1日夜、6月26日凌晨，又分别出动956架、1,006架轰炸机，对德国鲁尔地区重要工业城市埃森、北部重要港口不来梅实施了"千机大轰炸"。哈里斯踌躇满志，甚至认为如果能够将德国的重要城市逐个摧毁，"就用不着地面部队的进攻作战了"。

No.4 目标，鲁尔区

1942年6月，一支新的力量加入到战略轰炸的行列中，这就是美国陆军航空兵。根据罗斯福总统的对德作战计划，美军首先向英国派来了航空兵部队，编为第8航空队，协助英军对德实施战略空袭，航空队的司令是斯巴兹将军。

然而，美国的介入也带来了新的问题——即协调和配合问题。英美两国军队均为自命不凡之旅，在战略轰炸问题上，各有想法，互不买账。英国人喜欢夜间出动，以城市为主要目标实施"面积轰炸"；美国人则喜欢昼间出动，以工厂为主要目标实施精确轰炸。这种状况使得两方的关系形同水和油，融合不到一起，使战略轰炸达不到最佳效果。

1943年1月，英美首脑聚会在北非摩洛哥，举行"卡萨布兰卡会议"。会上产生了著名的"卡萨布兰卡"训令——《对德战略轰炸谅解协议书》，规定了英美战略航空兵联合作战计划的基本方针："逐步摧毁和打乱德国的军事、工业和经济体系，削弱德国平民的抵抗意志，最终摧毁德国武装力量的抵抗能力"。这项训令对于战略轰炸的影响十分深远，可称之为英美统一战略轰炸行动的基石。

2月14日，英国内阁会议决定今后对德轰炸可以"无限制地进行"，这道命令正中哈里斯下怀。从3月开始，他亲自组织实施了一次规模空前的空袭战役——鲁尔战役。从3月5日到6月28日，英国轰炸机连续出动，猛轰德国最重要的工业区——鲁尔区，每次出动的轰炸机数量都在百架以上。这次战役将鲁尔区的重要工业城市，如埃森、杜伊斯堡、杜塞尔多夫、科隆等炸得残破不堪，面目全非。

在这次战役中，皇家空军专门组建了一支特种轰炸中队——第617中队，对鲁尔区的坚固要塞目标——水坝系统进行了精确突击。5月16日夜，该中队19架"兰开斯特"式轰炸机在队长盖伊·吉布森少校的率领下，成功炸毁了储水1.3亿立方米的默内水库大坝和埃德尔水库大坝，引发了一场巨大的灾难，狂泻而出的洪水冲毁了25座桥梁，令鲁尔地区的125家军工厂停工停产。

1943年，哈里斯的轰炸机部队装配了有特殊的瞄准仪和名为"探险者"的地面目标扫描雷达，从而克服了鲁尔地区的烟雾障碍。利用这些新装置，轰炸航空兵取得了轰炸鲁尔地区的成功。经过4个月的轰炸，鲁尔的大部分地区成为废墟。

No.5 火焰风暴

轰炸鲁尔地区的成功，极大地激励了英国轰炸航空兵的士气，于是哈里斯接着又寻找下一个目标。

经过百般挑选，哈里斯终于选准了"猎物"，他把德国北部大城市汉堡作为新的"屠宰"对象，亲自制订了空袭汉堡的计划，取名为"蛾摩拉"。蛾摩拉是《圣经》中约旦盆地的一个城市，意为"罪恶城"，它在古代极为繁华，但由于道德败坏，受到上帝惩罚，为天火所焚毁。哈里斯决定这次要给汉堡送去一把"天火"。

为加大轰炸力度，哈里斯还把美国陆军第8航空队下属的轰炸机部队也拉了进来。但因美军此时入欧的轰炸机力量还不是很强，而且对这种面积轰炸兴趣也不大，所以这场空中战役的真正主角还是英国轰炸机部队。

此时的英国皇家空军轰炸机司令部实力已非1942年可比，威力强大的4架重型轰炸机"兰开斯特"已开始大量服役，先进的H2S机载导航雷达能让轰炸机群轻松找到德国城市。更重要的是英国人还拥有了一种对付德国"华盖床"系统的秘密武器，只要破坏了"华盖床"，部署在汉堡的那些令人心惊胆战的德军防空火力——54个重型高炮中队、26个轻型高炮中队以及6个夜间战斗机中队将全变成"瞎子"。虽然德军在汉堡还部署了22个探照灯中队，但它们只能盲目对空照射，对英军轰炸机群的威胁并不大。

1943年7月24日深夜，哈里斯向皇家空军轰炸机部队的勇士们下达了出击命令，791架轰炸机领命升空，浩浩荡荡向汉堡飞去。与此同时，位于汉堡以西施塔德市的德军第2航空师司令部正像往常一样紧张有序地工作着。临近午夜时分，远程警

▽ 正在给"兰开斯特"装弹的地勤人员。

戒雷达送来了发现敌机的情报。零时40分，德军雷达荧光屏上开始出现可怕现象——英军轰炸机越变越多，几百架、几千架，最后变成1万多架。施塔德地下指挥所的德军指挥官们惊呆了！没人相信这个数字，很明显，英国人使用了特殊武器让"维尔茨堡"雷达"神经错乱"了！

德国人的猜测没有错。就在10分钟前，英军轰炸机群最前面的数十架轰炸机开始以1分钟间隔向外投掷一捆捆银色物体，这就是英国人的秘密武器——代号为"窗口"、专门用来干扰"维尔茨堡"雷达的铝箔条。这种铝箔条的长度相当于"维尔茨

堡"雷达波长的一半,可以将雷达发射的电磁波反射回去,从而把无数个微小的回波,倾泻进雷达荧光屏,把轰炸机的反射信号严严实实地掩盖住。

其实,英德两国很早就看到了电子技术在空战中的作用,并悄悄在这一领域展开了较量。德国人主要对英国的无线电导航系统进行干扰,英国人则对干扰德国的防空雷达感兴趣。英国技术人员通过对德军雷达的解剖研究,设计出了这种神奇而简单的箔条干扰方法。但由于怕这种方法落到德军手中,反过来对付英国,所以在使用上总是犹豫不决。这一次,丘吉尔在权衡了利弊之后,下令在轰炸汉堡时使用这一秘密武器。

世上之事真可谓无独有偶。其实早在1942年春,德国的罗森施泰因工程师就在波罗的海海岸进行了一系列的实验,并得出了与此相同的结论,即雷达的功能可以用"骗子"(德国人将铝箔条称为"骗子")抵消。一种反雷达武器随之问世了。戈林得到这个消息后,下令严禁在这方面继续研究,要保守秘密,绝不能让英方知道。于是,空军通信兵部部长沃尔夫冈·马蒂尼将军便把有关"骗子"的秘密文件全部锁进了保险柜。德国空军首脑机关就像鸵鸟一样,以为只要把脑袋钻进沙堆里就可以万事大吉，而对于这种新的干扰方法却迟迟不采取防范措施。这一次，他们终于自尝苦果。

在"窗口"的干扰下，"华盖床"系统完全失效，失去地面引导的德军夜间战斗机如同无头苍蝇，到处乱飞。7月24日1时03分，728架满载燃烧弹和炸弹的英军轰炸机群在不断投撒铝箔条的轰炸机掩护下飞临汉堡上空。由于炮瞄雷达像预警雷达一样被干扰，所以德军高射炮手们只能听见英军轰炸机马达轰鸣声，却无法知晓敌机准确位置，探照灯光柱则是徒劳地在夜空中扫来扫去。在一片混乱中，气急败坏的德军高射炮手们只得胡乱对空射击。

"蚊"式先导机用H2S雷达发现目标后，迅速投下橘黄色目标指示弹。其他轰炸机根据指示弹标出的位置投下炸弹。在50分钟内，上千吨燃烧弹和高爆弹落到汉堡市中心方圆5千米区域内。汉堡城里熊熊的大火照亮了方圆近千米的夜空。

此次轰炸，汉堡市中心和城市西北部，特别是阿尔托纳、埃斯布图勒、霍赫勒夫特街区几乎成为废墟，1,500人被炸死。而英军在9,200万根铝箔条(总重约40吨)的掩护下，仅损失了12架轰炸机，1.5%的损失率清楚地向人们展示了"窗口"的巨大功劳。从此以后，一种全新的作战方式——电子战登上历史舞台。

7月25日和26日，美国第8航空队又对汉堡的军用设施、军工厂、船厂等目标进行了空袭。

7月27日夜，受到轰炸行动成功鼓舞的哈里斯又派出787架轰炸机轰炸汉堡。英军轰炸机群在"窗口"的掩护下来到汉堡上空投下燃烧弹和炸弹。这次是英军轰炸机投弹最集中的一次，在半个多小时内，共有500～600吨燃烧弹和炸弹落到市中心以东方圆1.6～3.2千米内。各处火焰在短时间内凝成一团，吞噬着周围的一切。火借风势，风助火威，汉堡市区21平方千米区域在很短时间里化为一片火海。燃烧速度和空气流速越来越快，大火成了一个吸尽周围空气的黑洞，形成风速达240千米/小时的"火焰风暴"，温度高达1,000℃。这场肆虐了整整3个小时的"火焰风暴"就是历史上有名的汉堡大火，共造成汉堡市16,000多栋建筑物被摧毁和30,200人死亡。

7月29日夜，哈里斯下令进行汉堡战役的第三次轰炸，共派出777架轰炸机。原定计划是在前面两次没有触及过的汉堡城北投弹，但因地图错误飞到了已被轰炸过的城区以南。轰炸毫无例外地引发了大火，但没有形成"火焰风暴"。此次行动中，英军共有28架轰炸机被击落，损失率约3.6%。

8月2日夜，哈里斯发起了汉堡战役的最后一次轰炸行动，共出动740架轰炸机。但由于当天汉堡上空有厚厚的云层，只有不到一半轰炸机飞抵汉堡进行投弹。此次行动中，英军共有30架轰炸机被击落，损失率4.1%。

最后两次轰炸行动中，英军轰炸机损失率重新大幅上升的主要原因并不是德军给"维尔茨堡"雷达找到了对抗"窗口"的办法，而是调整了战术——调集昼间战斗机，在防空监视哨的无线电通报以及探照灯的跟踪照射下,飞行员凭借肉眼发现目标进行拦截。

仅仅持续了10天的汉堡战役,英美空军就出动了轰炸机3,000多架次,投弹9,000吨,使该城76.8平方公里的市区遭到严重破坏,其中有32平方公里被完全烧毁,死伤军民达10万人之众。

No.6 3个月内迫降德国

1943年6月,英国空军部颁发了一道著名的被称为"直射"的命令,命令轰炸航空兵轰炸德国的工业区和平民区以配合"D日"作战行动。但哈里斯却有着自己的坚定想法,即在11月之前,对柏林进行集中轰炸。他写信给丘吉尔直抒胸臆:"如果有美国空军的参加,我们可以炸遍整个柏林。这将损失我们400~500架飞机,但却将使德国输掉战争。"12月7日,他在写给空军部的信中,请求把主要任务交给他最好的轰炸航空兵部队——"兰开斯特"飞行部队,他甚至声称仅靠他的"兰开斯特"轰炸机,就可以在3个月内迫使德国人投降。

哈里斯的想法又一次得到了丘吉尔的支持。实际上,在诺曼底战役开始前,实现他轰炸机制胜的梦想只有这最后一次机会了。于是,在这个"腥风血雨"之夏,哈里斯迫不及待地对柏林发起了大规模轰炸。

1943年8月23日夜,英国出动727架轰炸机,飞临柏林狂轰滥炸。虽然德国人的近距离搜索和引导雷达已经失灵,但德国人再次拿出了"野猪战术",即派使用无雷达的昼间轻型战斗机的部队升空,靠探照灯引导攻击对手。于是,无数探照灯将方圆80公里的天空照得如同白昼,高炮对4,500米以下的目标猛轰,"野猪"们在4,500米以上横冲直撞,打得英国轰炸机连连坠地。8月31日和9月3日,英机再次夜袭,又遭到较大损失。这3次行动虽然炸得德国人鸡飞狗跳,但英国也付出了不小的代价,损失飞机123架,损失率高达14%,不得不暂时收兵。

但哈里斯并不想就此罢休。入冬以后,他拉上美军,联合发起了更大规模的柏林战役。他武断地以为,只要持续不断地对柏林实施轰炸,就有可能迫使德国在1944年4月1日之前投降,但这显然是"痴人说梦"。

1943年11月22日,多如蝗虫的英国轰炸机再次飞临柏林上空,上百吨的炸弹在德国人的高炮火网中如雨点般落下,众多建筑和平民成了牺牲品。

进入12月之后,冬季恶劣的气象条件使德国战斗机部队效力顿减。此时美国的P-47"雷电"式护航战斗机已装上了容量为108加仑的机腹油箱,将护航范围推进到

守卫伯林的德军高炮部队。

汉堡、易北河一线。同时盟国空军利用雷达领航、雷达轰炸，采用多种轰炸战术，克服了恶劣的气象条件，在P-47飞机的掩护下进行昼夜攻击。

进入1944年后，虽然盟军战略轰炸的攻击重点仍放在德国的军事工业上，但对柏林的空袭一直没有停止，仅1月份就进行了11次昼间轰炸和6次夜间轰炸。

从1943年11月一直延续到1944年3月的柏林战役，英军共计出动飞机20,224架次，投弹25,000吨，使柏林市区被毁面积达到1/3。但同时，由于德军的夜战飞机逐步掌握了英国轰炸航空兵的战术规律，并改进了雷达装备，给英军也造成了重大的损失，其中最严重的一次是3月31日对纽伦堡的空袭，仅这一次空袭任务就使英军损失了94架飞机。

柏林战役期间，哈里斯组织对德国首都进行了35次集中轰炸。尽管使城市遭受重创，但未能实现使德国人崩溃的目的，相反盟军的轰炸机损失严重。哈里斯开始遭到越来越多的指责，他所谓"炸士气"思想的效果更是受到人们的怀疑。空军部对哈里斯的柏林轰炸反应冷淡，并严厉要求哈里斯遵守抵近轰炸命令。但哈里斯却以天气和战术等为理由，不理睬空军部明确列出的优先轰炸的目标。好在不久，他的轰炸机部队被调去袭击西欧大陆的交通运输系统，以支持即将开始的诺曼底登陆战役。这不仅减轻了轰炸机部队的压力，而且也掩盖了哈里斯直接空袭德国所遭受的挫折。

No.7 配合诺曼底登陆

1944年，"霸王计划"——在法国诺曼底登陆，收复西欧已成为盟军军事战略的重心。此次行动的总指挥、盟军最高司令艾森豪威尔认为，应在登陆前后，使用空中力量切断德军的战区交通网，使之向诺曼底机动的速度低于盟军从海上登陆的速度。当时，盟军在英国共有1.1万架飞机，其中近3,500架是重型轰炸机，但它们不归盟军统帅部掌管，而分别由英国轰炸航空兵和美国驻欧战略航空兵部队直接指挥使用。于是，艾森豪威尔将军要求战略空军加入他的行动计划。

刚开始，哈里斯对计划在诺曼底登陆一点兴趣都没有，他反对把轰炸机司令部划归艾森豪威尔指挥。哈里斯怀疑艾森豪威尔计划用空中力量来阻塞德军的行动能否奏效，于是宣称他们的夜间战斗机队没有经过打击铁路目标的训练。哈里斯担心盟军做出了"不可挽回的错误"，即"把我们的部队派往不能很好发挥他们作用的地方"。而且，美国的斯帕兹将军也同样回绝了艾森豪威尔的要求。

艾森豪威尔对这两位将军的不合作大感恼火，他甚至警告哈里斯，如果他不把战略空军归由他指挥，他就会解除哈里斯的指挥权。最终，由英国空军参谋长波特尔出

∧ 轰炸之后，德国城市中燃起了熊熊大火，消防员们第一时间赶到火灾现场进行扑救。

面斡旋，才使这个问题得到解决。

1944年4月，盟军正式开始实施"运输"作战，集中兵力全力猛烈轰炸所选定的各交通目标，盟军最高副司令特德空军元帅亲自谋划这次轰炸行动。哈里斯的轰炸机群为登陆的盟军扫清道路，轰炸了德军的炮兵阵地、铁路枢纽、军营、飞机场、军工厂等要点，任务完成得相当出色，对诺曼底战役作出了重大贡献。

此后，哈里斯也开始积极支援地面战役。在1944年7月18日，轰炸机司令部出动了千余架次的飞机来打破英军和德国装甲师在法国卡昂的僵局。在10月，他贡献了243架"兰开斯特"轰炸机来帮助攻克在荷兰海岸瓦尔赫伦岛的要塞，而这是另一个刺入盟军战线的楔子。在1944年12月的突出部战役中，他的轰炸机轰炸了圣维茨的公路枢纽，使增援比利时巴斯托尼的1个师的德军被迫改变线路。在1945年3月，当皇家陆军的第21集团军横跨莱茵河时，轰炸机司令部的轰炸机又对敌人的铁路、桥梁和军队集结地发起了轰炸。陆军元帅蒙哥马利专门给哈里斯带了口信："我非常感谢你在莱茵战役中给予我们的极好配合。"

No.8 轰炸德累斯顿

战争的最后一个冬天，哈里斯与特德和波特尔的分歧越来越大。特德认为轰炸航空兵应集中力量切断德国本土通向前线的交通，促使德军崩溃，波特尔则认为连续轰炸德国的石油工业是迫使德国认输的最好办法。但哈里斯仍坚持他的观点，认为继续空袭德国的工业城市就能打垮德国。11月，他给波特尔写信："难道我们在这个大功即将告成的时刻，却要放弃连德国人都认为是最头疼的办法吗？"哈里斯的决心令波特尔左右为难，考虑到哈里斯的去职将是皇家空军的一个巨大损失，波特尔向他作了妥协。于是，轰炸机司令部开始动用全部力量对德国的城市展开轰炸。仅在1944年11月，皇家空军就总共扔下了347,538吨的炸弹，远远超过1942年一年的投弹量总和。

1945年1月，随着盟军在东西两线的节节胜利，欧洲的制空权已完全掌握在盟军手中，为了打击德军的交通运输和军工生产，同时更重要的是打击德国人民的信心，盟军开始着手制订大规模空袭德国的"雷击"行动的几种方案，丘吉尔亲自把德国萨克森州的德累斯顿定为目标。

1945年2月13日晨，哈里斯下令，夜袭德累斯顿，实施"雷击"行动。机群分两批出动，间隔时间为3小时。

13日下午18时，第一批245架飞机从英格兰中部的安德兰特机场起飞了。作为先导的"蚊"式高速轰炸机飞在最前面，随后是大批"兰开斯特"式重型轰炸机。

22时，英国机群飞临德累斯顿上空。此时，这座城市仍沉浸在一片安详之中，没有防空警报，没有探照灯光，剧院和影院照常营业，夜空中回荡着优美的舞曲。

英国的目标指示飞机投下了目标指示弹。接着，令人恐怖的防空警报响了起来。22时10分，英国轰炸机投下了第一颗炸弹。飞在前面的轰炸机用爆破弹把古老的建筑物炸上了天，后面的轰炸机则投下燃烧弹，使地面成为一片火海。3小时之后，14日凌晨1时23分，第2批539架英国轰炸机又飞抵德累斯顿上空狂轰滥炸，投下了大量重磅炸弹和燃烧弹。火浪滚滚，汇成一片火海。

第二次空袭后刚刚8小时，14日10时，白天的空袭接踵而至。第三批飞机是美国

＜ 轰炸之后的德国城市德累斯顿，遍地瓦砾，死伤满目。

空军由"野马"式战斗机护航的1,350架"空中堡垒"式和"解放"式轰炸机。成千上万颗炸弹投到了德累斯顿的铁路调车场和市区北部。护航的"野马"式战斗机因为找不到较量的对手，便用它的6挺机枪对准沿易北河两岸逃命的德累斯顿幸存者扫射。

德累斯顿被英美空军的3,749吨炸弹和燃烧弹夷为平地。市区变成一片废墟，大火连续烧了几昼夜，茨温格尔宫、圣母教堂、塞姆佩尔美术馆、日本宫、歌剧院等古代建筑连同这座名城一起被毁灭了，上百万居民无家可归。英国学者底彼德·阿宾格对这次大空袭作了较为客观的估计，130万居民中一共死亡13,500人，35,470座建筑物被炸毁，其遭破坏程度仅次于受原子弹袭击的广岛。

战后，丘吉尔在其回忆录中写道："如果我们走得太远的话是否也会成为禽兽？"指挥德累斯顿轰炸的皇家空军轰炸机司令部副司令桑德比中将也表示："谁都无法否认空袭德累斯顿是一场真正的悲剧……真正无情的是战争。一旦全面战争开始，那么它就不可能有任何真正的人道主义。"

虽然这场灾难已成为历史，但有关德累斯顿的争执却时平时落，始终没有停息。一些人认为"雷击"行动是不顾人道主义原则的"恐怖主义行动"，把哈里斯称为"屠夫"。哈里斯也承认，这是杀戮人民，他只是强调"雷击"方案不是由他制订的。

1945年5月，欧洲之战结束了，德国各城市变成了一片焦土，到处是断垣残壁。尽管盟军的战略轰炸将德国的工业基本上摧垮了，但对战争胜负并没有产生决定性的影响，只是在战争的最后阶段，德军才失去战略物资的供应。哈里斯的"轰炸机制胜论"终于没有成为现实。

战后，哈里斯要求为轰炸航空兵成员颁发特别战斗勋章，但这个意见没有被采

纳。而他自己, 艾德礼的工党政府拒绝给他贵族地位, 直到丘吉尔重新上台后才让他成为哈里斯爵士。1946年1月, 哈里斯晋升空军元帅, 不久后便结束了30年的军旅生涯。1946年至1953年, 哈里斯出任南非造船公司经理, 此后即在南非和英格兰过着退休生活。1984年4月5日, 哈里斯在英国逝世。

对城市大规模轰炸的质疑一直是影响哈里斯名誉的关键, 而且他所倡导的"轰炸机制胜论"最终也没能经得起实战的检验。但我们也不能由此否认英国轰炸机在保卫其本土、摧毁希特勒的帝国大厦中所起的重要作用。当德国科隆遭到千机大轰炸, 当汉堡燃起冲天大火, 当柏林上空飘落着腥风血雨之时, 又有谁能估计出这些军事行动究竟会给法西斯分子造成何等沉重的精神打击。克劳塞维茨说过: "物质的原因和结果不过是刀柄, 精神的原因和结果才是贵重的金属, 才是真正的锋利的刀刃。"哈里斯提出的"轰炸机制胜论"重在打击敌人的抵抗意志, 摧毁德军的精神防线。从这个角度讲, 哈里斯无疑是世界空军发展史上不可忽略的人物, 他对盟军最后的胜利作出了不可磨灭的贡献。

Andrew Browne Cunningham

地中海的老水手

坎宁安

他是第二次世界大战期间最有才华的海军将领之一,
他的战略远见与指挥才能极为杰出,
他被皇家海军的士兵们都亲切地称呼为ABC,
他被盟军的元帅将军们尊称为"地中海的老水手"……
他是安德鲁·布朗·坎宁安。

No.1 我还想成为舰队司令

坎宁安，1883年1月7日生于都柏林。他的父母有着苏格兰血统，父亲是著名的爱丁堡大学的一名解剖学教授。坎宁安的童年过得平静而幸福，他的父亲曾经在一封电报里问他："你愿不愿意参加海军？"当时只有10岁的坎宁安不假思索地回答："愿意，我还想成为舰队司令。"当时坎宁安的家族与海军界的人没有任何关系。凭借着对海洋的热爱以及父亲的支持，坎宁安在1893年成功通过考试，被达特茅斯皇家海军学院录取，他的数学成绩尤其优秀。

1897年，年仅14岁的坎宁安与几十个同学以见习生的身份登上了训练舰"大不列颠"号，从此开始了海上生涯。他的同学当中有个叫詹姆斯·福恩·索莫维尔的人，便是后来英国直布罗陀H行动编队的司令，把守着西地中海的咽喉。在学习期间，坎宁安很早就体现出了独立的个性。除高尔夫球外，他对其余室外运动兴趣都不大，时不时惹事，但并没有过什么严重违反纪律的行为。1898年4月，他以优异的成绩毕业，数学成绩名列前茅，驾驶术成绩也是一等的。1899年，他效力于"多利斯"号。1900年2月，他被调去"海军战斗旅"（NAVALBRIGADE）服务，海军战斗旅成立于19世纪晚期，主要是皇家海军中负责近海、近岸作战的分支。1902年，坎宁安先后在朴茨茅斯和格林威治接受专业海军军官教育。1903年，他以海军中尉的军衔前往停泊在地中海的战列舰"躁动"号上效力。1903年9月，他被任为B级鱼雷艇驱逐舰"蝗虫"号大副。1904年，坎宁安晋升为海军上尉，先后在"北安普顿"号、"霍克"号和"萨福克"号任职。1908年，坎宁安第一次得到独立指挥权，成为第14号鱼雷艇的艇长。

1911年，坎宁安被任命为"蝎子"号驱逐舰舰长。1914年，"蝎子"号参与了尾随德国巡洋舰"格本"号与"布雷斯劳"号的行动，行动的任务是摧毁这两艘巡洋舰，但计划落空了，德国军舰成功穿越达达尼尔海峡，抵达君士坦丁堡。1915年，"蝎子"号参与了达达尼尔海峡的战斗。"蝎子"号在战斗中永远打头阵顽强作战，坎宁安因此被授予了卓越军功章，升为中校。1916年相对平淡，"蝎子"号主要在地中海负责一些常规性的护航任务，并从未碰上德国U艇的袭击。在"蝎子"号担任舰长的7年来，坎宁安凭着自己杰出的舰船指挥技术，在军中小有名气。1918年4月，海军中将罗杰·凯耶斯把坎宁安调去指挥"纳尔伯勒"号驱逐舰，参与了凯耶斯的多佛巡逻队。次年由于他的出色表现，再次获得奖章，并晋升为海军上校。坎宁安在"一战"中的表现，虽然谈不上有多么辉煌夺目，但却体现了他精湛扎实的航海技术与惊人的胆略。曾经有

> "一战"时期，一艘行驶在海上的英国巡洋舰。

一次，多佛巡逻队的"纳尔伯勒"号驱逐舰与13艘游弋于英吉利海峡的德国驱逐舰狭路相逢。坎宁安的上级命令他立刻脱离，坎宁安却忽视了上级的命令，而且联合了其余3艘驱逐舰冲向敌阵，与比自己多3倍的敌人激烈交战，一直杀至海浪暴涨影响舰炮准度为止。这次抗命不遵的行为被汇报给了上级，上级看都不看就扔到一边，只是说了一句："肯定是坎宁安干的。"

1922年，坎宁安被任命为第6驱逐舰队指挥官，次年又调去第1驱逐舰。1926年到1928年，坎宁安成为寇文中将的首席参谋长，在美洲与西印度海区效力。1929年，坎宁安前往帝国国防学院深造。1年之后，坎宁安成为"罗德尼"号战列舰舰长，这是他人生中第一次获得主力战舰指挥权。1932年9月，他荣升为分舰队司令（FLAGRANK），同年12月晋升为准将。坎宁安一直梦想着指挥一支舰队，如今终于如愿以偿了。1933年12月，他成为地中海驱逐舰舰队司令。1934年，他在轻型巡洋舰"考文垂"号上升起自己的舰旗，然后把时间与精力全部投入到研究操演舰队的指挥艺术上，这为他在"二战"地中海战局出色的舰队指挥本领打下了基础。当时海军还组织大西洋舰队联合演练，坎宁安对此兴趣极大，尤其是对于夜战行动，后来著名的马塔潘角海战中，坎宁安就是以一次出色的夜袭决定性地击溃了意大利海军舰队。

1936年7月，坎宁安升任海军上将，辉煌的未来正在向他招手。不久，杰弗里·布莱克爵士患病休养，坎宁安以海军上将的军衔指挥战列巡洋舰队，同时担任地中海舰队副司令，旗舰是"胡德"号。对于新的任命，坎宁安欣喜万分，一方面是因为几乎达成了少时当舰队司令的梦想，另一方面也因为"胡德"号相比以前坎宁安接手的小型战舰更为豪气。他在"胡德"号上一直待到1938年，然后被任命为英国海军部首席海务参谋长。但是坎宁安从骨子里就讨厌坐在办公室里搞管理，凡是在他手下任过职的人都回忆说，坎宁安最大的特点就是拥有强烈、不屈的战斗精神。

1939年6月，坎宁安终于再次见到了他一直惦记着的海洋与舰队，他被任命为地中海舰队总司令，在著名的"厌战"号上升起了自己的舰队司令旗，此时距离第二次世界大战的全面爆发还有3个月的时间。

No.2 危机，亚历山大港

1939年9月，第二次世界大战全面爆发了。地中海作为欧洲的战略要塞，顿时火药味弥漫。地中海控制着南欧的门户，德国要想称霸欧洲，必须使自己的南面安稳无忧，而当时还是中立国的意大利是结盟的不二人选。希特勒希望意大利能够控制地中海，保护自己的南翼。只要获得地中海霸权，那么英法在非洲的殖民地便摇摇欲坠，

∧ 大西洋海面上，与意舰交火的英军巡洋舰。

中东富饶的油田也将敞开大门，意大利重建罗马帝国的美梦也能实现了。相反，倘若地中海落入盟军手中，意大利的海上补给线就几乎断绝了。

希特勒在1938年5月前往意大利，独裁者墨索里尼得意地在那普勒斯向他展示了意大利海军的实力。意大利海军的实力的确极为可观，尤其是数量上。意大利当时拥有数艘一流战列舰，50多艘巡洋舰与驱逐舰，以及100多艘U艇。意大利海军主要活动范围是地中海，在这一区域，他们舰队的数目已大大超过英国地中海舰队，皇家海军只有与当时在欧洲也十分强大的法国舰队联合起来，才能从战略上与意大利抗衡。

当战争爆发时，意大利狡猾地宣布中立，急于与意大利海军战斗的坎宁安只好耐着性子，静待事态发展。1940年，战争逐渐进入高潮，英国抽调了地中海舰队的一些军舰北上支援大西洋战争，其中包括了坎宁安的旗舰"厌战"号。坎宁安敏锐的战略嗅觉告诉他，意大利很快就要翻脸了。当时舰队主力还停留在马耳他，距离意大利空军基地过近。于是他提前把剩余的舰队主力从马耳他移向亚历山大港，护住埃及。果然，1940年6月10日，意大利对英法同盟宣战，长达3年的地中海海权之争开始了。

6月11日凌晨1点，就在意大利宣战24小时后，坎宁安命令地中海舰队全体起锚出海，"马莱亚"号与"厌战"号战列舰打头阵，然后是老式航空母舰"老鹰"号。"厌战"号属于女王级战列舰，此时它的灰色舰桥上飘起了坎宁安的司令旗，白色的旗帜上绣着圣乔治红十字。跟随主战列舰之后的，便是舰队的9艘驱逐舰与两艘巡洋舰。坎宁安下令"老鹰"号上的飞机做环形搜索。夜间，地中海战争的第一枪打响了。一艘意大

利潜艇利用夜色掩护，悄无声息地接近巡洋舰"卡利普索"号，将它击沉了。坎宁安大为恼火，这无疑激起了他的斗志。

就在坎宁安游弋东地中海的时候，法国在亚历山大港停泊的舰队在勒内·哥德弗瓦将军的统领下巡游爱琴海。哥德弗瓦是坎宁安十分亲密的好朋友，前线不停传来法军战败的消息，使这位具有强烈爱国心的军人再也坐不住了。最后两人都无功而返，**约定下次再一同去地中海中部搜索意大利海军迹象。**

可惜的是，坎宁安再也没有机会**与好友并肩作战**了。就在6月11日，丘吉尔看到了法国的失败，他提前与法国海军总司令达尔兰通信，告诉他，无论战争成败，都不可以让德国人得到法国的舰队。达尔兰以军人的名义保证，就算法国战舰全部沉于海底，也不会向德国屈服，无论战争进程如何。果然，达尔兰下令两艘战列舰、4艘巡洋舰、8艘驱逐舰前往普利茅斯，与普茨茅斯未完成的两艘强大的战列舰"让巴尔"号与"黎塞留"号分别前往卡撒布兰卡与达卡尔。这样，法国海军主力舰队只剩下两队：一队是哥德弗瓦的亚历山大港舰队，另一队在奥兰城旁的凯比尔港。

6月22日，法国与德国签署停火协议。不久后，丘吉尔作出了一个令军界上下都感到难以接受的决定：摧毁法国海军。丘吉尔害怕法国的舰队落入德国人手中，一旦这事发生，那么英国海军将会处于极大的危险当中。终于，他不顾参谋们的强烈反对，决定向地中海的法国舰队发出"最后通牒"，法国舰队如果不接受，英国海军的任务就是立刻消灭他们。6月18日，索莫维尔就任H行动编队司令，统率两艘战列舰、两艘巡洋舰以及11艘驱逐舰，前往凯比尔港，向法军舰队司令让苏尔发出最后通牒。同时，坎宁安接到同样的命令，而敌人正是自己的好朋友哥德弗瓦。

∨ 行进在大西洋上的英军舰队。

坎宁安接到命令后怒不可言,他干脆直接写道:"对于我来说,这个想法是恶心的……几乎可以说是可耻的背叛。"他立刻给海军部写了回信,说道:"达尔兰舰队长花了毕生心血打造法国海军,是不可能随便让给德国人的。"坎宁安坚持认为,将舰炮对准法国军舰,是愚蠢而不道义的行为。

另一边,索莫维尔想法也与坎宁安一样,但是两人的抗议都已经太晚了,况且军事内阁成员都无法动摇丘吉尔的决心,更别提两个前线指挥官的"远程建议"了。索莫维尔奉令给让苏尔送达最后通牒,上面提了4个条件让法国海军选择:1.把舰队归入皇家海军旗下;2.舰队前往英国港口,然后船员将被送回法国;3.前往法国西印度海区或是美国港口,然后在那里解编;4.在凯比尔港把战舰全部敲沉。

这种强硬且不尊重的口气极大地刺激了法国军人的心理。对于让苏尔来讲,在皇家海军的舰炮瞄准下接受这些条件,实在有损尊严。而且4个条件每一个都无法达成,因为达尔兰下过令,海外法国舰队必须停留在法兰西帝国殖民地领土内,挂法国国旗,如果有德国人来劝降,或是接收舰队,那么立刻将军舰凿沉。可是英国人并不知道法国人与舰共存亡的决心,于是凯比尔惨案发生了。只用了30多分钟,H行动编队将凯比尔港的法国舰队消灭了,1,200多名之前还与英国人并肩战斗的法国海兵葬身海底,法国4艘战列舰只有"斯特拉斯堡"号逃脱了,法国人永远记得英国人这次粗暴无情的背叛。

在亚历山大港,坎宁安也被命令前去执行这个耻辱的命令。7月3日早7时,哥德弗瓦准时登上"厌战"号商谈。坎宁安尽量客气地谈了谈要求,并说英国希望阁下1天内答复。哥德弗瓦很平静,但坎宁安可以感觉到他安静表面下的怒火。于是,坎宁安将最后通牒里强硬的口气改了一下,尽量委婉地说出来:第一,法国舰队归入英国海军,"这样就可以一同与邪恶战斗。"但显然,对方是不会接受这个要求的。第二个选择,法国舰队在亚历山大港内解除武装,但坎宁安加了一句,告诉哥德弗瓦法国水兵的薪水与生活费用都可以考虑让英国承担。第三个选择,法国舰队把军舰全部凿沉,坎宁安认为这个是最不可选的下策。

哥德弗瓦说还要思考一下,坎宁安建议将最后期限定于晚1点,随后法国舰队司令回到了自己的旗舰"杜凯斯纳"号。此时凯比尔港的惨痛消息还未传到亚历山大,坎宁安明白,如果哥德弗瓦知道了凯比尔港同胞们的死讯,一定会破釜沉舟与英国海军一战。终于,哥德弗瓦发出回信,他回复说可以考虑把法舰凿沉,但他还需要48小时的准备时间。坎宁安极其失望,他知道对方是在拖延时间,时间越长,对坎宁安就越不利,凯比尔港的消息一旦被法国海军知晓,哥德弗瓦肯定会选择战斗的。

坎宁安左右思索,心生一计:一方面,他将海军部要求法军解除武装的命令扔到一边;另一方面,他以老朋友的口气给哥德弗瓦去了一封私人信件,建议有没有什么办法可以使英国海军部相信法国舰队不会逃离亚历山大港，他建议可以将军舰燃料或是鱼雷弹头卸下，让海军部暂且安心。哥德弗瓦立刻答应了，事件有了转机。

坎宁安长舒一口气，向海军部回复，说法国军舰的燃料已卸，大可不必以武力解决问题了。可就在晚8:15分，海军部回信了，命令坎宁安还要将法国水兵全部在晚上转移至商船或岸上。坎宁安接到回信后生气骂道：一定是一些不懂前线紧张局势的官僚写出来的东西。更滑稽的是，信中说在夜晚到来以前转移法国水兵，可信到达亚历山大港时已是黄昏了。

就在此时，坎宁安又接到了哥德弗瓦的信，后者已经得知凯比尔惨剧，大骂英国缺乏信义，并让舰队全体生火准备战斗。坎宁安煞费苦心的经营就这样落空了，对面已可以看到缕缕轻烟，法国舰队正在准备拼死战斗。因为总部的一个鲁莽决定，曾经一起战斗的朋友就要互为对手了。坎宁安心情沉重，但并没失去理智。他不屈服的精神再次显现出来，他又有了一个办法，决定冒险一试。他推算法国舰队动力准备还需要一些时间，于是他命令在英国各军舰上发出信号，告诉法国军舰英国军舰并无恶意。同时，他令军官水兵们纷纷前去与正在准备战斗的法国军舰士兵军官"套家常"，这些讲不同语言的人之间都有着深厚的友情。法国士兵和军官立刻被感化了，他们让英国军官上船，然后开始争论协商，都不想拼个你死我活。坎宁安在旗舰上用望远镜看到了这一切，紧接着，"杜凯斯纳"号上传来信号，请求登舰允许。哥德弗瓦登上"厌战"号，对坎宁安说，鉴于先前的保证，法国舰队决定全体解除武装，但前提是允许他们停留在亚历山大港内。

坎宁安成功了。凭借着冷静的思考决断，与不放弃任何一丁点希望的毅力，他化解了这场危机。其实如果真的打起来，坎宁安也是胜券在握，但他没有这么做。他忽视了海军部的强硬命令，放下了皇家海军的架子，主动与法国舰队沟通协商，寻求解决的方案。这位正直的军人坚信，英国战舰的舰炮是为意大利人与德国人准备的，不应该对准法国人。后来，哥德弗瓦停留在亚历山大，一直与坎宁安保持着联系。每当坎宁安取得一个胜利，哥德弗瓦总要发信祝贺。

法国海军的危机就这样顺利解决了，坎宁安集中精力开始研究对付意大利海军，不久以后，他策划了他海军生涯中最著名的战役，首次开创了空中突击海军的战役先例。

No.3 利器，"卓越"号

坎宁安一直寻求与意大利海军决战。尽管从舰只数量上来说，地中海舰队要比意大利海军弱，但是意大利海军的主力舰是追求纯攻势的设计，优点是火炮射程远，威

＜ 塔兰托海战中，英军击沉一艘意大利战舰。

力大，军舰航速快，弱点是军舰装甲防护极为薄弱，甚至被称为"纸壳舰队"。意大利海军高层决定采取防守至上的战略，以军舰强大的火力护住主要海军基地塔兰托，不轻易出海与英国海军决战，每次出海主要只是充当护送队任务。

意大利海军的消极防御政策令坎宁安寻求的决战变得异常困难，但这难不倒头脑灵活的坎宁安。不久在卡拉布里亚行动中，坎宁安以一个写入海军教科书的协同配合作战切断了意大利海军与塔兰托的航线。

那是1940年7月7日，坎宁安正率领舰队离港进行常规游弋，没过多久便接到了潜艇"凤凰"号发来的密报，发现意大利海军出现在马耳他东320公里。坎宁安判断这些意大利人是护送补给运输的，他立刻下令从马耳他派出侦察机尾随意大利舰队。此时，意大利人为了保证护卫活动不受影响，向亚历山大方向派遣了许多轰炸机，从高空轰炸地中海舰队。中午，坎宁安接到准确报告，意大利舰队有两艘战列舰、6艘巡洋舰、7艘驱逐舰。坎宁安立刻下令，舰队全体出动，迅速向西北进发，争取切断意大利海军返回塔兰托的线路。经过一整夜的紧张准备，第二天，坎宁安下令从"老鹰"号航母上出动3艘飞机继续侦察，得到的情报是：意大利人正在全力往塔兰托赶，而且已得到6艘巡洋舰与13艘驱逐舰的增援。

意大利舰队实力强大，而地中海舰队相对实力弱小，但坎宁安毫无惧色，"任何好的机会都是受欢迎的。"于是卡拉布里亚行动开始了。这次行动可称之为经典战役：敌人的舰队被一艘潜伏的潜艇发现，被陆地基地起飞的飞机找到行踪，然后具体位置又被舰载飞机指明。接着，坎宁安又做出如下部署：鱼雷轰炸机与快速巡洋舰相

配合,形成第一股突袭力量;然后战列舰以强大的火力给予敌人致命一击。

7月9日下午3时08分,巡洋舰"海王星"号发出信号,"发现敌人主力舰队",这是纳尔逊在阿布奇尔海战142年后第一次由英国军舰在地中海发出这个信号。仅6分钟后,意大利4艘巡洋舰的20厘米炮开火了,英国海军的第一批巡洋舰立刻配合舰载机反击敌人。一片混战当中,坎宁安的"厌战"号勇猛地冲出,用自己的38厘米主炮向意大利战舰猛烈开火,"马莱亚"号战列舰此时也加入战斗。"厌战"号只开了几炮,便将意大利旗舰"吉里奥·恺撒"号重创了,意大利舰队司令康比奥尼慌忙撤退,意大利战列线大乱,于下午5时,全部作鸟兽散。

尽管这次战斗未能取得预想中的决定性战果,但却彻底摧毁了意大利人出海作战的意志,以后他们连补给都不敢护送了。坎宁安于是派出常备炮舰在北非海岸持续骚扰意大利陆军,迫使意大利陆军停止了行进,龟缩防守于阵地内,后被韦维尔的英国陆军大举击溃。坎宁安同时派出10来艘驱逐舰在塔兰托前方挑衅,可意大利人十分沉得住气,就是不出动。

10月中,坎宁安作出了一个重大决策:如果意大利人龟缩不出,那么他就攻到塔兰托去。"老鹰"号航母过于老旧,不过坎宁安得到了新的增援——"卓越"号航空母舰。"卓越"号的设计十分出色,使用得当就是一件海战利器。带领"卓越"号航母前来的是莱斯特上将,他早就有一个以飞机空袭塔兰托的计划,此时他把计划交给坎宁安审阅,后者立刻同意了。

11月11日,"卓越"号与舰队本阵潜行至希腊的塞法罗尼亚岛,晚上8点10分,英国老式"剑鱼"飞机已准备起飞执行任务。坎宁安将进攻分为两波，前后间隔1小时，第一攻击波包含飞机12架，第二攻击波包含飞机9架。坎宁安认为，空中的霸权将是海战中的决胜因素。他决定利用一个月光较明、能见度较好的夜晚，向停泊在塔兰托内的意大利舰队实行突然袭击，把他们杀得鸡犬不宁。11月11日这晚月光很明亮，12艘飞机从卓越号飞行甲板上起飞，在夜色中升高编组，向塔兰托飞去。11时02分，意大利人被突然袭击惊醒，随即以防空机枪与防空炮猛烈反击。在密集的火力交叉中，12艘飞行编队分成多股力量向不同方向突击。这又是坎宁安的主意，因为这样可以分散意大利人的防空火力。同时，战斗机都携带着磁感鱼雷。灵活的战斗机迅速俯冲而下，施放鱼雷，这使得意大利人手足无措，竟然忘记使用防空武器水平射击，而是仿佛无头苍蝇似的一个劲儿往天上乱开炮。飞行编队打头阵的威廉姆森勇猛突防，对准"加富尔"号战列舰释放鱼雷，击沉了这艘曾在希特勒面前表演的意大利主力舰。

　　65分钟的行动，坎宁安只使用了21架老式战斗机，便使意大利3艘战列舰、两艘巡洋舰、两艘驱逐舰退出战争舞台。意大利海军在此次奇袭中，主力舰只几乎损失了一半，可谓元气大伤，而且此后再未恢复！迫于英军的巨大威胁，惊魂未定的意大利海军将幸存的军舰撤离塔兰托，分散到北部港口，将地中海的制海权拱手让出！在此后的1个月里，英军地中海舰队在地中海上活跃异常，严重遏制了意大利至北非的海上运输，同时有力掩护了己方海上运输，从而保证了北非英军在1940年12月取得的胜利！

No.4　血战马塔潘角

　　1941年5月28日，地中海战场的陆地战事越来越激烈，海权越来越显示出它的重要性。意大利海军舰队司令亚什诺决定孤注一掷，计划集中舰队主力，以钳型运动方式，与战列舰"维托利奥·威尼托"号一起夹击处在克里特附近海域的英国快速巡洋舰队。

　　坎宁安立刻明白了意大利人的企图，他决定将计就计。一方面，他让参谋部加紧战事准备，另一方面又装作对意大利的行动毫不知情，前去打高尔夫球，并宣扬晚上要参加一个实际上不存在的筹款会。这招果然瞒过了意大利间谍，就在当天晚上，坎宁安登上"厌战"号，扬旗出发。

　　坎宁安仍然习惯地使用空中突击。他首先命令"敬畏"号航母上的鱼雷轰炸机起飞强袭敌人，他的首个目标是要吃掉单独行动的"维托利奥·威尼托"战列舰，使用的手段就是运用飞行编队集中空袭。行动进行得极为顺利，意大利战列舰尽管顽强抵抗，但遭受到飞行编队的群体攻击，航速大减。亚什诺一见事态不妙，准备撤退。只一击，坎宁安就让敌人放弃了整个进攻计划。

意大利舰队在大举撤退的时候，坎宁安下令全速追击敌人。"敬畏"号航母大胆突进，再次通过空袭让"波拉"号巡洋舰失去行动力。亚什诺见到只有一艘航母，便集中主力舰队回援"波拉"号，而此时，坎宁安的主力舰队已快抵达战场了。

首先赶到的是快速巡洋舰队，他们在意大利战列中反复突击，双方发生激烈炮战，一直持续战斗到夜晚，意大利舰队再次决定撤回塔兰托。坎宁安下令继续追击直到全歼意大利人为止。夜幕降临了，意大利人本以为已从虎口逃脱，却没想到坎宁安连夜在雷达的引导下追击找到了意大利主力舰，"巴勒姆"号、"勇者"号、"厌战"号齐头并进，利用夜色掩护接近意大利舰队至3,500米的距离后猛烈开火，只用了5分钟，便将两艘意大利巡洋舰通通击沉。

在归途中，坎宁安指示马耳他基地，以他的名义向意大利海军部以及亚什诺发了一份颇风趣的电报："尊敬的将军：原谅我无法救起您全部的落水士兵。他们在希腊伯罗奔尼撒半岛的马塔潘角西南80海里的海域，愿上帝保佑他们平安。"

马塔潘角海战结束了，凭借坎宁安出色的指挥加上有效的技术辅助条件，取得了击毁敌人3艘重型巡洋舰、两艘驱逐舰的赫赫战果。此战以后，意大利护送队再也不敢把补给往东地中海送了，只敢送到的黎波里，最远也只到班加西，这间接决定了北非德军覆灭的命运。

No.5 "那是一个水手的奥德塞"

然而，随着德军大规模介入地中海，德国的空中优势和潜艇优势逐渐显现。在丧失制空权和随时面临潜艇威胁的条件下，坎宁安仍然坚守地中海孤岛马耳他，遮断意大利到北非的海上运输线，这无异于虎口拔牙。

1941年5月20日，德国发动克里特空降战役，不久之后，情况对于英军来讲似乎无可挽回。在这危急关头，地中海舰队奉命对克里特岛上的陆军部队展开营救，护送英军撤离克里特去埃及，坎宁安再次充当了"救火队长"。首批撤离人员达16,000人，德国空军疯狂出动攻击海上撤退的船只，而坎宁安的舰队却几乎没有任何可以与之匹敌的防空措施，地中海舰队的船队损失严重，甚至还有人建议坎宁安以过于危险的理由放弃撤离行动。但是，坎宁安以"海军不能抛下陆军不管"的理由一口拒绝了，并说出了一句令人热血沸腾的经典名言："建造一艘船只需要3年时间，培养一个传统却需要3个世纪。"

在这场大撤退中，坎宁安的舰队损失严重，共损失了3艘巡洋舰、6艘驱逐舰和15艘其余重型船只，不过克里特的22,000人中，有16,500人被成功撤离。这简直是个奇迹。

1942年4月，坎宁安被任命为驻华盛顿海军代表团的团长。在华盛顿期间，他很受欢迎，甚至和以反英著称的美国海军上将欧内斯特·金相处都还算融洽。此后，坎宁安被任命为"火炬"行动的直接指挥者。在同年11月进行的火炬行动中，他在直布罗陀对登陆部队进行指挥。经过盟军官兵的浴血奋战，行动取得了圆满成功。坎宁安在行动中出色的指挥为他赢得了美国同僚的尊重和友谊，这其中就包括后来的欧洲盟军总司令——艾森豪威尔。

1943年2月，坎宁安重新被任命为地中海舰队的司令。为了防止北非的轴心国部队撤回意大利本土，坎宁安要求地中海舰队不计一切代价，封锁北非海岸。他对舰队下达了一个非常具有攻击性的命令：任何试图冲破封锁的舰船一律击沉！地中海舰队出色地完成了封锁，绝大多数北非的轴心国部队在撤退无望的情况下选择向盟军投降。

随后在7月和9月间进行的西西里和意大利战役期间，坎宁安率领地中海舰队再次为盟军的陆上行动提供了有力的支援。1943年9月10日，他在马耳他接受了意大利舰队的投降。对于一位在地中海奋战数载的老战士，这无疑是莫大的荣耀。 在这历史性的时刻，坎宁安写道："在马耳他的火炮之下，意大利舰队抛锚了。"

1943年10月23日，坎宁安被任为第一海务大臣，这是英国海军中的最高职务。从此之后坎宁安参与了数个重大的国际会议与战略决策，包括诺曼底行动以及皇家海军舰队在太平洋的部署计划等。1946年，坎宁安从海军中光荣退役。

∨ 克里特岛之战中，德军击沉了英军“凯利”号战舰。

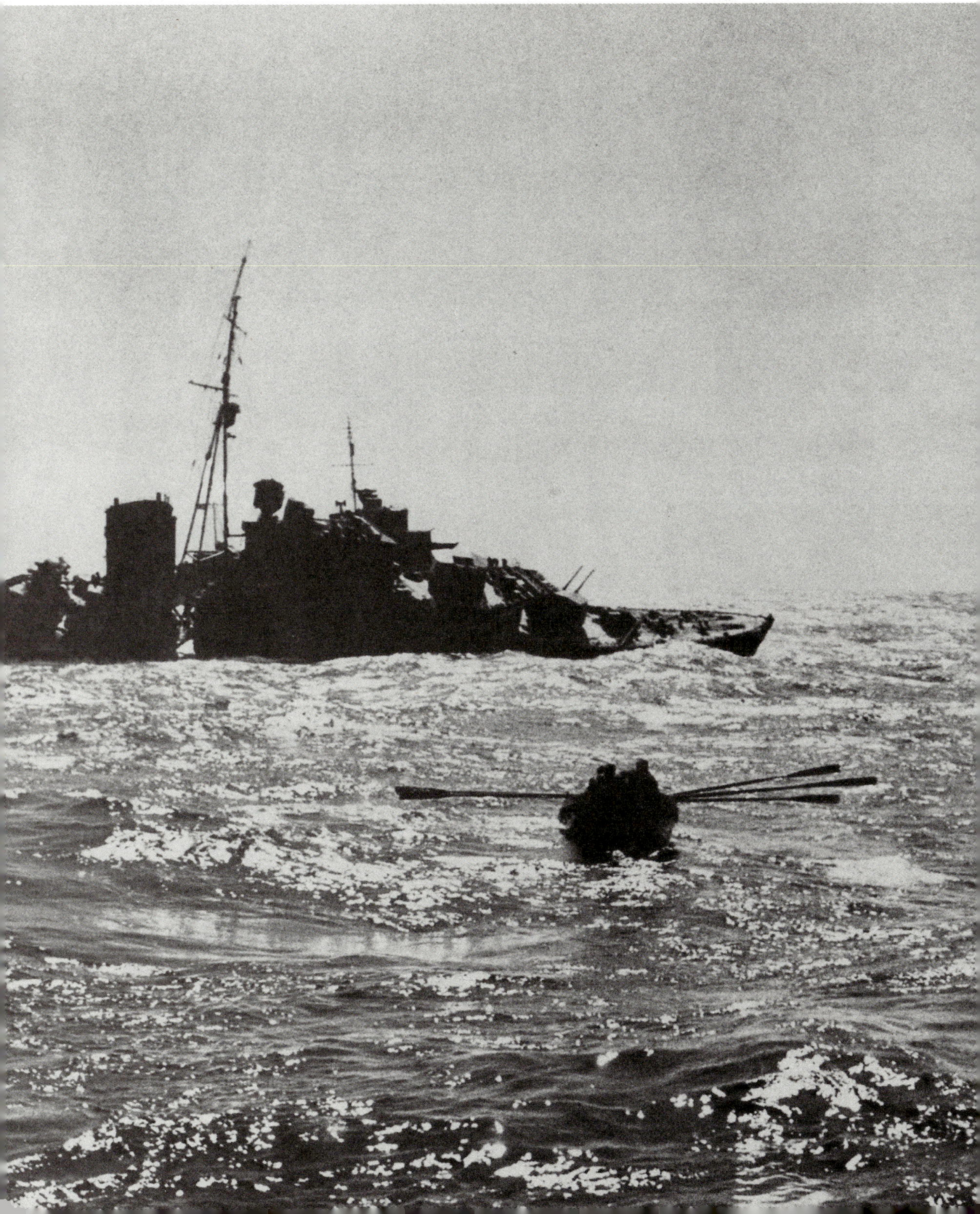

　　坎宁安的出色表现也为他自己赢得了极高的荣誉，1939年和1945年他分别被册封为二等巴斯爵士和蓟叶骑士。1945年，他又被封为海德霍普男爵，并进入英国上议院。次年他再次被授予海德霍普子爵的封号。1953年，坎宁安还作为皇家总管大臣参加了伊丽莎白女王的加冕典礼。

　　1963年6月12日，坎宁安在自己的家中安详地去世。他被葬于朴茨茅斯的近海，结束了自己传奇的一生，用他自己的话来概括，"那是一个水手的奥德塞"。

　　坎宁安元帅既是一位才华出众、深谋远虑又有勇敢冒险精神的海战高手，也是继纳尔逊、戴维·贝蒂之后皇家海军中最具影响力的名将。他用兵灵活不失大胆，凶猛不失技巧，他在地中海的胜利直接影响了"二战"战局，对击败法西斯意大利起到了重要作用。突袭塔兰托之战更成为世界海战史上的经典战例，这种全新的作战样式从此揭开了航空母舰时代的序幕。

Arthur William Tedder

英国的天空智将

特 德

他一生中在军队里担任了很多的角色，
他经历了无数的变化，
他始终与战争和军服有着密切的联系，
他军事生涯丰富至极，
他多次指挥盟国空军作战，
他对英国空军的建设起到了极大的推动作用……
他是阿瑟·威廉·特德。

∧ 第一次世界大战时期的英军战机。

No.1 加入空军的青年

　　1890年7月11日，特德出生于英国苏格兰的格伦吉恩。他父亲是亚瑟·约翰·特德爵士，母亲是艾米丽·夏洛特·布里森。他父亲是海关委员会的专员，由于工作的关系，经常需要前往英伦半岛的各个地方，因此年幼的特德也随着一同前往，可以说从小就见多识广。1902年，特德全家人搬到了英格兰的东南部城市克罗伊登，这时特德的生活才算正式安定下来，于是进入怀特吉夫特学校就读。特德一直是个品学兼优的好学生，1909年，他顺利考入知名学府剑桥大学，就读于麦格达伦学院的历史专业。在学习期间，他还因学习优异获得过奖学金。

　　1912年的夏天，特德前往柏林学习德语。不过新学期开学后，他还是返回了麦格达伦学院继续第四年的学业,因为当时他打算毕业后当个外交官。然而就在这一年,特德获得了英国南部多塞特郡的多塞特团少尉的预备役任命。正是这个意外的任命,让特德改变初衷,走上了从军之路。

大学毕业后,22岁的特德进入当时的英国殖民部任职。1914年2月,他被派到斐济,还是担任行政工作。特德对这种殖民地生活一点也不感兴趣,正好这时第一次世界大战爆发了,他便找了个理由返回英国,加入了正规军。

1915年1月,特德成为多塞特团的一名正式军官,并很快晋升为中尉。他被派往多塞特沿海的一个预备部队任职,但不幸的是,他的膝盖很快就受了严重的伤。随后,特德成为英国远征军中的一员,被派往法国加莱。虽然他承担的任务不重,但由于受膝盖伤病的影响,无法履行步兵的任务。于是特德只好申请调往皇家飞行队。一开始他的申请并未获得批准,直到10月特德返回英国后,他仍然不断向上级强烈要求调离步兵团。1916年1月,特德总算是幸运地被皇家飞行队接收了,从此开始了与空军的不解之缘。

他先是在第一飞行学校学习,后来又转入中央飞行学校接受飞行训练,并获得了飞行勋章。1916年6月,特德被分配到驻法国的第25飞行中队,驾驶布里斯托尔侦察机。他的表现十分优秀,不到两个月,就成为中队的一名飞行指挥。这时的特德身材瘦小,相貌英俊,文静而略显冷淡;反应敏捷,说话幽默,有时难免带些讽刺味道而令人不快。但当时的皇家飞行队司令特伦查德却对他十分赏识,并评价特德是"注重实际的思考者,可信赖的人。他善于抓住问题的本质而不去过分注意细节"。也许正是由于特伦查德的青睐,不久,特德被任命为第70飞行中队的中队长。在任内,他致力于改进飞行中队的管理与供给,并且力图改善飞行员的生活与福利。1917年6月,特德被调往中东,担任第67飞行中队的中队长。任职还不到一年,又被派往埃及,这次是担任航空轰炸学校的校长。

第一次世界大战结束后,英国皇家空军成为独立的军种,特德顺理成章留在了新成立的皇家空军服役,先后在空军驻埃及、土耳其等地的飞行中队任职。

从1923年起,特德先后进入皇家空军参谋学院和帝国国防学院进修。通过专门的学习,特德对空军建设和军事理论有了深入的了解和研究,由此也奠定了他未来在皇家空军的发展。在从帝国国防学院毕业后仅两年,1930年特德就成为当年进修过的皇家空军参谋学院的教官,后来更晋升为院长。1932~1934年,特德改任空军装备学校校长,该校主要负责空军的装备训练。1934年,又调任空军部训练局局长,并晋升为准将军衔。

1936年10月,特德出任驻新加坡的皇家空军远东司令部司令。他在熟悉司令部情况后,发现司令部存在两个基本缺陷:一是缺乏能够适应熟练作战需要的专业空军参谋机构; 二是特别缺乏诸军种间的合作意识，对其他军种的问题和需要了解甚少。对于第一个缺陷，他迅速予以了纠正。但对于第二个缺陷，他虽然也尽心尽力地去纠正，成效却不大。不过，这些都为以后的工作提供了有益的经验。为了提高部队的作战能力，特德特别注重训练演习的真实性，反对那种模式化或摇旗式的演习。

1938年7月，特德被任命为空军部研究与发展局局长。该局主要负责研究皇家空军控制敌人的能力以及皇家空军在全面作战中所起的作用。特德总是用严格的现实主义观点来处理其权限内的所有事务，甚至为此不惜与上司进行激烈争论。后来，特德曾到飞机制造部任职，直到1940年11月，才重返皇家空军。

No.2 飞机场，战争关键

命运有时就是那么捉弄人，但是对于特德而言，这一次却几乎改变了他的未来。1940年末，中东空军司令朗莫尔空军中将要求任命特德为副司令。但是，当时的空军参谋长基于种种考虑，没有派出特德而派出了博伊德。然而，这时候命运的天平向特德倾斜过来，博伊德在乘坐飞机前往开罗时在西西里上空被敌军击落。特德不光逃过一劫，他还拥有了这次机会。1940年12月，特德出任中东空军副司令，主管埃及和西部沙漠地区的空军作战事务。稍后，负责改组中东空军司令部。从此，特德的军旅仕途青云直上。1941年5月，因朗莫尔将军回国述职，他出任中东空军代司令，随即于6月正式就任中东空军司令。然而，无论是取代博伊德出任副司令，还是因朗莫尔回国而出任正司令，历史的选择都是正确的，因为特德并不是仅凭运气才走到这一步，而确实是脚踏实地做出了成绩。

作为空军指挥官，特德力图澄清对空军运用的模糊认识，形成自己对空军运用的正确认识。

就在当年的4至5月间，英联邦陆军在希腊和克里特岛被德军击败。坎宁安将军率领地中海舰队在缺乏空中掩护的情况下对克里特岛上的陆军部队展开营救，虽然最终克里特岛上2.2万余名陆军中共有1.6万名获救，但地中海舰队自身也损失惨重。对此，特德认为，英军实施的希腊和克里特战役的命运从开始就已注定。他始终认为整个

地中海战役本质上是一场争夺飞机场的作战。皇家空军在克里特的机场易受攻击且数量少，又与塞浦路斯和埃及等地相距遥远，这就意味着英军飞机出动率要远低于德军在希腊本土机场的飞机出动率。况且英军飞机在数量上没有优势，作战能力亦处于劣势。这些事实使很多人觉得不可理解。地中海舰队司令坎宁安将军对此次损失反应特别强烈，提出要建立满足海军需要的"专用空军"，并向英国参谋长委员会施加压力。特德理解坎宁安的感情，但并不认同他的看法。特德坚信，灵活机动、集中使

V 在克里特岛上，德军与英军展开激战。

用才是成功运用空军的原则。特德主张整个空军应在空军指挥官的统一组织领导下，把空中力量分配并运用到最急需的地方，而不是捆绑在某一个军种之中，成为专门服务于其的力量，因为这样会严重地限制空军作用的发挥。的确，当海军对空军的需要高于一切时，空军理应给予最大的支援；但是假如一部分空军不可改变地"锁在海军或陆军的抽屉里"，也就没有足够力量使用到最急需的地方。

　　1942年，英德两军在西部沙漠地区相互对峙。特德认为皇家空军应在决定胜负的过程中发挥足够的作用，而在飞机数量与敌相差无几且不拥有现代化防空系统的条件下，皇家空军必须采取灵活机动的进攻行动，争取高出动率，并建立良好的维修系统。正是在特德的指挥下，皇家空军获得了该战区的空中优势，再次证明了他的空军运用理论的正确。

No.3　建功突尼斯

　　1943年1月，卡萨布兰卡会议之后，特德调任北非战区空军司令。北非战役之后，北非战区改组为地中海战区，特德因而改任地中海战区空军司令，负责指挥所有的盟国空军作战。当时地中海战区盟军司令是美国人艾森豪威尔，共同的事业至此将艾森豪威尔和特德联系在一起，他俩日后也进行过多次合作，可谓"金牌搭档"。虽说艾森豪威尔的军衔比特德要低，但特德却乐意接受艾森豪威尔的领导，从无怨言。两人的

伙伴关系在盟军将领中也许是最好的,所以有英国同僚说他是"亲美分子"。

特德与艾森豪威尔的首次富有成效的合作就是"突尼斯战役"。当时,为了粉碎德意"非洲"集团军群,盟军决定发起一场大规模的进攻,攻占突尼斯领土,从而把德军全部赶出北非。

这场战役由盟国远征军总司令艾森豪威尔上将任总指挥,亚历山大将军指挥的第18集团军群负责陆地进攻,特德将军指挥盟国空军作战飞机3,241架予以空中支援,此外还有盟国地中海海军配合作战。此次战役于1943年3月17日正式打响。

防守突尼斯的"非洲"集团军群由司令阿尼姆上将指挥,下辖德坦克第5集团军和意第1集团军,共17个师和两个旅。不过其各兵团在以前的战斗中,兵员和技术装备都损失惨重。由于盟国空军完全掌握了制空权,并且地中海也在盟国海军的牢牢掌握中,德意军队在补给和补充人员方面困难重重,整个集团军群仅得到少量飞机的支援。此外,意大利海军16艘驱逐舰和21艘潜水艇,以及德国22艘潜水艇也赶来支

∧ 在坦克掩护下，英军向轴心国军队发起进攻。

援。德意军队占据"马雷特"筑垒线既设阵地，固守非洲的最后一个登陆场。

　　盟国企图从南面和西面向突尼斯和比塞大方向同时实施突击以突破固守突尼斯登陆场的德意军队的防御。盟国尽管占有很大的坦克优势和火炮优势，并且完全掌握制空权，但在两个星期内仍未取得重大胜利。5月6日，盟军在强大的航空兵火力支援下(5小时内出动2,000多架次)才恢复了进攻。5月7日，英装甲师突入突尼斯并占领了该城。当日，美军部队进入比塞大。德军仓皇向波尼半岛退却。德意军队受到盟国海军从海上封锁无法继续防御，加之没有后送运输工具，阿尼姆将军率德意军被迫于5月13日投降。

　　经过突尼斯战役，德意"非洲"集团军群被歼。盟国攻占了地中海的整个北非沿岸，从而保障了地中海交通线的安全，并为进攻西西里岛和亚平宁半岛创造了有利条件。在此次战斗中，盟军多次依靠强大的空军火力支援才打破僵局，最终取得战役的胜利。这种使用空军重兵支援陆军的进攻方式也由此引起人们广泛的注意，并在未来的战争中越来越多地使用了这种战术，而这不能不说是特德将军的功劳。

No.4 登陆西西里岛

　　北非战役结束后，盟军决定在西西里岛登陆，目的是占领该岛以保证同盟国地中海航线畅通，吸引苏德战场德军西调，并迫使意大利投降。战役由盟军驻北非部队负责实施，总司令为艾森豪威尔上将，亚历山大上将、坎宁安海军上将和特德空军上将分别负责陆、海、空三军，总兵力为47.8万人，各种舰艇约2,600艘，飞机约3,680架。当时给空军的任务就是，在一支全部由英军组成的掩护部队防备意大利舰队可能出动时，由特德的地中海空军部队提供战斗掩护，他的大部分飞机可从马耳他的机场起飞。

　　特德不想为登陆部队提供战术支援，在他看来，空军的任务就是与敌机作战或攻击敌人的机场，绝不容许它们接近登陆场。于是在西西里登陆战役前夕，进攻战就由空军提前开始了。

　　5月13日，即突尼斯轴心国军队投降的当天，北非的盟国空军就开始对意大利本土、西西里岛、撒丁岛和希腊的机场、港口、交通枢纽、部队集结地和雷达站进行了广泛而

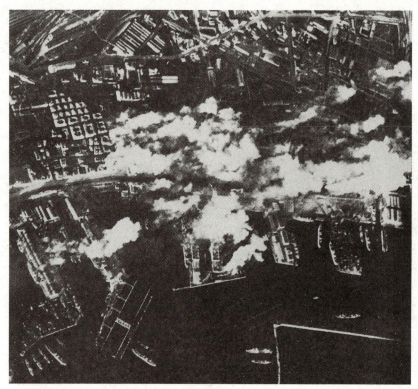

∧　西西里岛上的德意军遭到英军飞机空袭。

又猛烈的空袭，全力消灭、压制德意航空兵，并阻止其部队的机动。

德意军在该地区原有作战飞机1,400余架，其中德军飞机800余架，分散配置在西西里岛、撒丁岛、科西嘉岛和意大利本土，在盟军猛烈空袭下，意大利空军司令福吉尔上将和德军第2航空队司令冯·里希特霍芬中将于6月22日决定，将大部分飞机撤往欧洲大陆，只在西西里岛和撒丁岛留下了少量的战斗机和轰炸机，总数不超过500架。

为扩大战斗机的作战范围，盟军于6月11日攻占西西里岛西南110公里的班泰雷利亚岛，并在马耳他岛附近的果佐岛修建了机场，盟军战斗机部队随即进驻这两个岛。

盟国空军除了对轴心国机场进行了猛烈的攻击，还对从西班牙至科孚岛一线各港口实施不间断的监视，对所有经过直布罗陀的盟军护航运输船队进行空中掩护。6月26日，一支盟军船队在邦角附近海域遭到德军百余架飞机的攻击，但盟军的战斗机一直在空中掩护，有效压制了德军攻击机群的攻击，使船队没有遭受到损失。此外，盟国空军还有力掩护了在北非各地进行临战训练的地面部队。

7月2日起，盟国空军对西西里岛、撒丁岛和意大利南部机场进行了集中轰炸，尤其重点对西西里岛上的所有机场进行了极为猛烈的突袭，仅在杰尔比尼、卡塔尼亚等机场投下的炸弹就达1,500吨。

7月3日，墨西拿海峡的5艘火车渡轮被盟军击沉4艘，西西里岛与意大利本土的联系更为困难。

7月9日，即登陆前一天，盟军对西西里岛各机场的攻击更是达到了高潮，一天之中就进行了21轮轰炸，用于攻击塔奥米纳机场的就有轰炸机411架，战斗机168架；对岛上主要机场锡拉库萨、卡塔尼亚和帕拉佐洛投入的飞机更是多达800架次。在盟军猛烈轰炸下，西西里岛上只有1个简易机场还勉强可以使用，还有两个机场可供紧急着陆，其他机场均失去作用。盟军还以78架战斗机专门攻击敌雷达站。西西里岛上的德意航空兵竭尽全力进行反击，意军战斗机出动690架次，德军战斗机出动500架次，尽管使盟军受到一定损失，但实在是力量悬殊，无法保护住西西里岛的机场。此外，盟军航空兵炸毁了德意军设在西西里岛塔奥米纳的航空兵司令部。在特德的指挥下，盟军空军通过上述空中突击，大大削弱了轴心国在该地区的空军实力，基本上夺取了战区的制空权，为登陆成功提供了保证。

这场著名的登陆战役很快开始了。9日深夜，美军空降部队3,400人乘227架运输机在杰拉附近伞降，英军空降部队1,600人乘134架滑翔机在锡拉库萨附近空降，企图夺取道路枢纽、桥梁、高地。海运的进攻部队在黑夜中几乎是按计划接近他们预定的登陆点。10日3时45分，美英盟军在风浪中登陆。到凌晨4点35分，盟军全部7个师的主力部队都已登陆。德意两军的战斗部队和装甲车纵队汹涌地向滩头冲来，但是，到10日夜晚为止，大部分都被打了回去。夜幕降临时，巴顿和蒙哥马利的部队都远远地深入了他们预定的防线。

特德的飞行员击毁了200多架轴心国的飞机，并把西西里岛的每一个机场都炸得弹痕累累。意大利和德国的飞机被迫撤回意大利本土的机场，从那里起飞作战。

虽然最后轴心国军队的主力成功逃脱，但西西里岛登陆战役打通了盟国在地中海的航运；而更为重要的是，它促使意大利退出了战争。在西西里岛战役中，特德指挥的盟国空军发挥了重要的作用。

随后，在制订进攻意大利计划期间，特德向艾森豪威尔指出，如果：（1）空军首先破坏敌交通线，（2）空军在关键时刻遏制住敌空军，（3）陆上的反攻被空军挫败，那么，在意大利的那不勒斯-萨勒诺地区登陆是切实可行的。实践再次证明，他的意见是正确的。

No.5 诺曼底的空中封锁

　　1944年1月11日，特德飞往伦敦担任盟国远征军最高司令部最高副司令，指挥盟国在西欧的全部空军作战。实际上，特德的位置比较复杂，他下面既有哈里斯和斯巴兹两位战略空军司令，又有利马洛里这位战术空军司令。当时的特德觉得要依靠争论和说服而不是去严格区分权力和责任来做好工作，他相信，如果他能建立起对所掌握的所有空军的正确运用规则并表明其正确性，那么下属就能正确运用。在确定空军运用问题上，争论最大的是确定轰炸目标系统。目标应该是石油工厂还是交通线？特德依靠其丰富的经验，认为对攻击地区来说，轰炸敌交通线以封锁登陆作战地区，阻断敌后勤供应和增援部队机动（特别是铁路机动）最为重要。作战计划和特德判断的明显优长，加上特德在空军方面的名望，使特德最后赢得了支持。

　　在"霸王"作战计划中，特德指挥下的盟军空军是登陆作战准备中举足轻重的力量。早在1943年6月英美就开始对德国的空军基地和航空工业实施战略轰炸，投弹约7万吨，给德国军事工业和空军很大打击。为确保登陆地区的制空权，在D日前3星期就对登陆点为圆心200公里为半径范围里的德军40个主要机场进行猛烈突击，共出动轰炸机3,915架次，投弹6,700吨，基本压制了战区内的德国空军。D日后盟国空军又扩大攻击范围，对登陆点为圆心470公里半径里的德军59个机场进行集中轰炸，使盟军完全掌握了制空权，德国空军丧失了组织有效抗击的能力，只能进行一些小规模的骚扰。

　　为阻止德军向诺曼底的增援，盟国空军又实施代号为"运输作战"的空中封锁，这一行动分为两阶段：第一阶段是从D日前三个月到D日，对德国西北部的39个铁路目

标和法国的33个铁路目标进行轰炸，以彻底封锁这一地区的交通线。盟军在3个月里出动2万架次，投弹7.6万吨，其中用于攻击铁路枢纽7.1万余吨，用于攻击桥梁4,400吨。共摧毁50处枢纽，重创25处枢纽，炸毁桥梁74座，塞纳河上的24座桥梁中被炸毁18座。另外法国境内2,000个火车头被炸毁1,500个，火车车厢被炸毁16,000节，导致铁路运输量下降62%，有1,600列火车（其中600列满载德军补给品）因此被迫滞留在德法边境，无法进入法国。5月26日从巴黎到沿海地区的所有铁路交通全部中断，德军只好用汽车运输来替代，但白天在盟国空军猛烈攻击下，根本无法组织有效的运输。正是这场空中封锁，使得德军修筑海防工事因缺乏钢筋、水泥等原料大受影响，并迫使德军将原用于修筑海防工事的2.6万名劳工转用于抢修铁路，从而使海防工事的进展十分缓慢一直达不到预定要求。也正是这场空中封锁，使德军的增援部队无法及时抵达诺曼底，最典型的是两个从苏联战场抽调下来的装甲师，从苏联横跨欧洲到达法国，行程数千公里，才花了3天；而从法国东部边境到西部沿海地区，数百公里的路程却足足花了7天，而且是不成建制地零散进入战场，战斗力大打折扣。盟军在瘫

在法国兰斯盟军司令部发表演说的艾森豪威尔与特德。

痪了法国北部的铁路、公路交通后又建立了两道空中封锁线，重点阻滞德军第15集团军的增援。第二阶段是从D日到D日后的55天，主要封锁塞纳河和卢瓦河，不让德军增援渡过这两条河。在这一阶段，盟军出动飞机3万架次，投弹6万吨，不仅给德军补给造成严重困难，而且使德军的调动受到极大限制。白天无法机动，整天进行隐蔽防空，夜间由于铁路中断，公路多处被毁，加上缺乏卡车等运输工具，许多部队只能徒步或利用自行车、兽力车行军，速度极为缓慢，严重影响了德军战斗力的发挥。

此外在侦察与反侦察战斗中，正是由于盟军战斗机部队的出色表现，完全阻止了德军飞机对盟军登陆部队集结地区的侦察和袭扰，德军在6周里出动525架次侦察机，绝大多数遭到有力拦截，只有极少数飞临英伦三岛，但在盟军战斗机的前堵后追下，也无法进行侦察，使德军丧失了空中侦察这个最重要的情报来源。

特别值得一提的是，盟国空军在登陆前的对德战略轰炸中，还重点对德国V-1导弹和Me-262喷气飞机的研制基地、生产工厂实施集中而猛烈轰炸，迫使德军将这两项新式武器的生产研制单位进行疏散转移，从而大大延缓了投入实战的时间。V-1导弹和Me—262喷气飞机分别于1944年6月12日和1944年7月才用于实战，使德军利用这两项先进技术装备抗击盟军登陆的企图落空。艾森豪威尔在战后的回忆录中说，如果德军能提早50天将这两项武器用于实战，将对盟军的登陆准备和作战带来巨大阻碍和困难，甚至无法组织登陆。

可以说，盟国空军对诺曼底的全面封锁对保证"霸王"登陆计划的顺利实施起了关键的作用。特德将军再次显示出了他出色的空战指挥艺术。

"二战"的最后一年，特德被派往苏联寻求援助，因为当时西线战场面临很大的压力。1945年5月，德国法西斯无条件投降，特德代表盟军总司令艾森豪威尔在投降协议上签字。

1945年9月12日，特德晋升为皇家空军元帅。第二年，他出任英国空军参谋长和空军委员会委员。1950~1951年，特德出任北大西洋公约组织军事委员会的英方代表和英国陆海空三军驻华盛顿的首席代表。此外，特德还担任过剑桥大学的校长，以及英国BBC公司董事会的副主席。

特德一生当中结过两次婚。第一任妻子1943年在埃及的一场空难中去世，而特德当时正好在场，亲眼目睹了这一惨剧。第二任妻子也早他两年离开人世。1967年6月3日，备受帕金森症煎熬的特德逝于英格兰的萨里，终年76岁。遗有《战争中的空中力量》《心怀偏见》等著作。

特德的一生经历了很多次大型的战役，所任的职位也是千变万化，低至英国陆军队员，高至皇家空军元帅，但是，每一个职位对他来说都是一个新的起点。他为英国空军所作出的巨大贡献将会永远被历史铭记。

Henry Maitland Wilson

最好的战术家

威尔逊

他是天才的外交家，
他周旋于各国政治和军事精英之间，
他身材魁伟，有着"巨人"昵称，
他聪明、灵活而机智，
他面对诸如希腊、伊拉克和叙利亚的复杂局势，应付自如，
他被丘吉尔誉为"最好的战术家"……
他是亨利·梅特兰·威尔逊。

No.1 英雄少年时

1881年9月5日，威尔逊出生在英国伦敦。他的家境比较好，父亲亚瑟·梅兰特·威尔逊在英国萨福克郡有些田产，母亲哈里特·金斯科特则是第一代豪伯爵的后裔。他的叔叔亨利·富勒·梅兰特·威尔逊中将，"一战"中指挥过第12军驻扎在希腊萨洛尼卡湾。作为家中的长子，威尔逊被父母寄予厚望，从小受到了良好的教育。少年时他就读于伊顿公学，长大后或许是受他叔叔的影响，对军事产生了兴趣，于是考取了桑赫斯特皇家军事学院。

1900年3月，19岁的威尔逊加入步兵团，被授予中尉军衔。第二次布尔战争期间，威尔逊在南非服役。在此期间，他因为表现突出，两次被授予皇家南非奖章。1908年在爱尔兰服役期间他晋升为上尉。1911年，成为英军驻牛津军官培训团的副官。

第一次世界大战开始后，1914年10月，他被任命为爱尔兰第16师第48旅的旅长，并于次年12月被派往法国。后来，他又先后在驻索姆的第41师和驻巴雪戴尔的第19军团任参谋。1917年10月，他又调往驻新西兰的英国师任参谋官。由于他的出色表现，于1917年获优异服务勋章，而且因英勇作战在战况报告中受表扬达3次。

"一战"结束后，威尔逊被挑选进入坎伯利参谋学院的第一届战后参谋培训班学习。后来又再次前往自己的母校桑赫斯特皇家军事学院学习了一段时间。学成之后，他返回自己原来所在的团，在菲利浦·查德伍德将军的第2师当了3年的演习评教官。查德伍德将军对威尔逊非常赏识，大力推荐他。1927年，他被派往印度，任驻印度的英军第1步兵旅营长。威尔逊在那里待了3年，期间，他和部落的人打交道很多，而且纵情于狩猎、射击等野外运动。

1930年，威尔逊回到坎伯利参谋学院任教，并担任主任教官。不过有一段时间，他只能拿到一半的薪水。在这期间，他参与研究摩托化步兵与装甲部队合作的问题，这也为他后来的战术设计埋下了伏笔。

1934年，威尔逊再次回到部队，任英国第6旅旅长。次年4月，晋升为少将。1937年8月至1939年6月，任英国第2师中将师长。

No.2 另一只"沙漠之鼠"

1939年6月，威尔逊被任命为驻埃及英军司令，同时还负责为从阿比西尼亚到波斯湾范围内的国家提供军事帮助。他把总部设在开罗，并且同埃及政府进行了成功的沟通，关系非常融洽。根据1936年的条约，埃及军队要隶属英军的领导，以便为英军

有限的兵力进行补充。威尔逊将自己的防御部队安排在距利比亚边境大约150公里的马特鲁。

8月初，韦维尔将军被任命为驻中东英军总司令，他给威尔逊派出了他需要的增援部队。最初是印度第4步兵师，以及澳大利亚第6步兵师的主力部队。驻巴勒斯坦的理查德·奥康纳中将和他的第7步兵师也被调往埃及增援威尔逊。

然而开战后，埃及和意大利出乎意料地宣布不参战。1939年冬，德国展开了猛烈的广播宣传攻势，寻求策动埃及人反抗英国。这时威尔逊身上的担子很重，一方面他要负责确保埃及领导人继续与英国合作；另一方面他还要建立起防御，并且集中精力抢修道路，以便为前方阵地输送补给。

1940年6月10日，意大利独裁者墨索里尼宣布开战。很快，威尔逊的部队攻入利比亚。然而，6月17日，由于法国寻求休战，使意大利人能够有机会从西边的突尼斯边境调集部队，并增援了4个师，同东边的威尔逊的军队对峙。很快，意大利部队于9月入侵埃及，并突进约100公里占领了西迪巴拉尼。

这时的威尔逊面临着严峻的形势，因为敌人要比自己强大得多。当时他仅拥有3.1万人的部队，而意军有8万人；拥有坦克120辆，而意军是275辆；拥有大炮120门，而意军是250门。他意识到战况非常危急，而传统的教科书中根本找不到解决方案。同其他20世纪40年代的司令官一样，他学习过的就是维吉尼亚之战中李将军和杰克逊将军所运用的战争策略。于是他要求他的作战指挥官们，尤其是奥康纳将军，秘密突袭敌人右路部队，瓦解敌人的进攻。10月，在与昔日步兵团的同事、如今的战争部长安东尼·艾登以及韦维尔总司令商议之后，他拒绝了韦维尔提出的两头突击的建议，决

∧ 正在向意军发起进攻的英国士兵。

∧ 大批的意军士兵向英军投降。

定按自己的计划行事。1940年12月7日，威尔逊发动了代号为"罗盘行动"的进攻。先期制订的战略十分成功，很快意军部队就被一切为二。其中威尔逊的第7装甲师立下了汗马功劳，仅有3,000人的第7装甲师俘敌2万人，缴获216门大炮和120辆坦克，因其战功卓著而被冠以"沙漠之鼠"的美誉。

作为盟军在北非战场所进行的第一次军事行动，"罗盘行动"的结果是大英帝国的军队横越利比亚大部，并且俘虏超过10万名意大利士兵，而自己只付出了很少的代价。

胜利的消息传到英国国内，丘吉尔大为高兴，因为终于可以凭此鼓舞起国内的士气。劳苦功高的威尔逊也因此获得了丘吉尔的嘉奖。

在一个广播中，丘吉尔称："指挥尼罗河集团军的威尔逊将军，无愧于我们最好的战术家之一，现在没有人会否认他的能力。"

No.3 奇迹般的撤退

在攻占了利比亚的托布鲁克后，威尔逊被召回开罗，担任昔兰尼加的军政长官。然而，仅仅就职了一小段时间，韦维尔、艾登和迪尔就来找他了。迪尔将军正在寻找

∧ 1941年5月20日，威尔逊率领的英军接受意大利驻东非总督的投降。

一个可以率军增援希腊的高级将领。"罗盘行动"不仅让威尔逊得到了艾登的极高评价，同时也获得了丘吉尔的信任，于是，迪尔将军的人选自然就是他了。

1941年4月，威尔逊被任命为盟国远征军的总指挥，下辖澳大利亚第6师、新西兰第2师及英军第1装甲旅，它们组成了"W军团"，去帮助希腊抵抗意大利以及后来德国的入侵。尽管当时丘吉尔的战时内阁曾认为向这个盟国以外唯一抵抗轴心国的国家提供援助非常有必要，但当时的盟军实际上准备并不充分。因此，毫不令人吃惊的，威尔逊被迫进行了一次战略撤退——克里特岛撤退。

当时，威尔逊担心部队实力太弱而不能防守边境防线，因此把部队配置在瓦尔达尔河以西60公里，目的是可以保持与在阿尔巴尼亚的希腊第1军团的接触及拖延德军进占希腊中部，这比其他选择需要较少部队，但需要较多时间准备。不过，这会放弃整个希腊北部及令希腊人在政治和心理上不能接受，加上防线左翼会被从南斯拉夫通过蒙那斯迪尔隘口的德军攻击，不过，他们想不到南斯拉夫军队的快速溃败及德军进占沃米欧。

德军的策略是基于闪电战战略，德军指挥官计划集中使用陆军及坦克加上空军支援进攻和快速攻占希腊，当攻占塞萨洛尼基后，雅典及比雷埃夫斯是之后的主要目标，当比雷埃夫斯落入德国人手中后，英国及希腊军队只有不幸地疏散及撤退。

1941年4月25日,德军伞兵在克里特岛空降,随即大规模空降入侵及进攻在岛上马莱迈、瑞思诺及伊拉克利翁的3个主要机场。经过7天激烈战斗及顽强抵抗,盟军认为败局已定,只能下令撤退。在德国陆空军三军的联合打击下,威尔逊仍然成功地把57,000人的部队撤出了43,000人,不得不说是个奇迹。

当盟国战败后,有关派遣英军到希腊的决定在英国引起激烈的批评。二次大战期间的帝国总参谋长艾伦·布鲁克元帅认为在希腊的干预是一个战略上的巨大错误,因为这否定了韦维尔将军留下必要资源以完成征服意属利比亚或成功阻止隆美尔的德意志非洲军团的三月攻势,因此这延长了本来可以在1941年内取得胜利的北非战场战事。

No.4 "国王的侍从将军"

1941年5月,在从希腊返回后,威尔逊被任命为驻巴勒斯坦和外约旦英军总司令。韦维尔将军指示威尔逊拟订进军叙利亚的计划。

6月8日,英联邦部队澳大利亚第7师、英国第6师一部、印度第5旅及"自由法国"军队的6个营、1个炮兵中队和1个坦克连开进叙利亚和黎巴嫩,企图首先夺取大马士革、拉亚克和贝鲁特,尔后占领法属叙利亚全境,但遭到维希政府在这一地区守军18个营的顽强抵抗。一个星期后,英军向叙利亚增兵两个旅,并从伊拉克抽调1个旅,从南面越过沙漠向巴尔米拉进攻;又令驻伊拉克第10印度师的主力沿幼发拉底河而上,向阿勒颇方向进攻。由于英军及"自由法国"军队兵力上占有绝对优势,战局发生了急剧变化。当月21日,澳大利亚第7师攻占大马士革。至7月初,维希政府军队败局已定。7月15日,交战双方签订了停战协议,"自由法国"全国委员会宣布委任统治地叙利亚独立。指挥这场战斗的威尔逊也因此被授予英帝国大十字勋章,并被晋升为上将。

1941年10月,威尔逊就任驻叙利亚和巴勒斯坦的第9集团军司令,并被授予"国王的侍从将军"的荣誉头衔。当时的帝国总参谋长艾伦·布鲁克最开始其实并不愿意任命威尔逊担任这一职位,因为他认为威尔逊年纪太大,应付这一工作太劳累。然而,后来他在日记中这样

写道："我很快就发现我完全错了，他仍然有能力提供最有价值的作用。他具备异常清醒的头脑、坚强的个性和沉着冷静的性格。"

No.5 第一次挫折

　　作为一名坚定、可靠和受欢迎的老兵，威尔逊本来被丘吉尔首相选中，于1942年8月取代奥金莱克将军任英国第8集团军司令官。然而，由于帝国总参谋长艾伦·布鲁克的强烈推荐，蒙哥马利取而代之上任了。相反，威尔逊被任命为驻波斯（现伊朗）和伊拉克的英国第10集团军司令。不过，1943年中东司令部成立后，威尔逊的这个司令部被并入中东司令部，威尔逊同时就任驻中东英军总司令。

　　1943年2月，蒙哥马利在阿拉曼取得大捷之后，轴心国的势力被从北非逐出。不过这时中东已经相对不再成为战斗的核心区。然而，根据来自伦敦的命令，在意大利的战斗中要采取一种声东击西的政策，于是在1943年9月，威尔逊组织了一次进攻希腊小岛——多德卡尼斯群岛的战役，然而这是一次不成功的尝试，致使英军遭受了很大的损失，并且这次战役后来在英国国内也引起了很大的批评。

　　多德卡尼斯群岛是以罗得岛、萨摩斯岛、莱罗斯岛、科斯岛等大岛为主组成的岛链，大部分岛屿原来属于希腊政府，后来被轴心国占领。在军事上，多德卡尼斯群岛具有特别重要的战略意义，占领多德卡尼斯群岛不仅可以封锁爱琴海，也有利于掌握整个地中海的主动权。

　　英国人最先发现了多德卡尼斯群岛的巨大价值，用丘吉尔的话说就是"意大利的投降，使我们有机会以极小的代价和努力在爱琴海获得重要的战利品"。他还认为"罗得岛是其中最重要的，因为它有很好的飞机场。从那里我们可以用空军保卫我们可能占领的其他任何岛屿，并可使海军完全控制这片海域。而且，如果在埃及和昔兰尼加的英国空军能够把部分力量转到罗得岛，那么它们同样能够很好地、甚至更好地保护好埃及，不捡起这些宝贝真是坐失良机。爱琴海的制空权和制海权已在我们的掌握之中，它可能会对土耳其产生决定性影响。这时的土耳其由于意大利的崩溃已受到很大震动。如果我们能利用爱琴海和达达尼尔海峡，就能开辟通往俄罗斯的海上捷径，也就不再需要风险很大、代价高昂的北极护航队，也不需要通过波斯湾的漫长而令人疲乏的供应线了。"

　　于是，根据丘吉尔的命令，威尔逊详细制订了夺取罗得岛的作战计划，并着手准备。1943年8月，第8印度步兵师已为这次行动进行了训练和演习，并准备在9月1日起航出发。但来自美国的反对却使计划最终流产，这令丘吉尔十分气恼。因为美国人宁愿按墨索里尼垮台前制订的计划执行，而对突然出现的夺取多德卡尼斯群岛的契机有些心不在焉。此外，美国将领对于恢复大英帝国在南欧的旧有势力缺乏热情，他们也不像丘吉尔那样乐观地把意大利称为欧洲的"第二战场"，包括罗斯福在内的多数美国人都认为，只有从法国登陆才能从根本上动摇希特勒政权，因此必须把攻击舰只从地中海调出，向西去参加"霸王"计划的准备工作。

8月26日，为执行华盛顿会议上作出的决定，盟军参谋长联席会议把中东司令部本来用于登陆罗得岛的船只全部派往远东，参加缅甸海岸的作战行动。丘吉尔几乎是拼了命来反对这一决定，但他很快意识到自己已经无能为力。威尔逊希望迅速占领多德卡尼斯群岛的计划就此泡汤，他只能拼凑一些小分队从海、空两路去占领群岛的一些岛屿。但事实很明显，如果盟军攻不下罗得岛，那么在爱琴海上所取得的任何战果都会岌岌可危。不过，盟军小分队的行动倒着实吓了德军一跳，他们最初的反应简直可以用惊慌失措来形容。

　　1943年9月10日，德军开始按计划在地中海上收缩兵力。对盟军而言，希特勒退避三舍当然是好消息，并据此认为以东南欧地区德军的现有实力，不愿也不能固守地中海的那些小岛，丘吉尔也觉得即便是美国人掣肘，依靠英军现有的力量也足以占领多德卡尼斯群岛，然而事实很快证明，这是个一厢情愿的判断。

　　9月9日，丘吉尔给威尔逊下达命令，要求英军立即占领多德卡尼斯群岛，这位首相吹嘘说："大显身手的时刻到了，应当随机应变和大胆果决。"与他的乐观正相反，威尔逊此时却一筹莫展。他渴望行动，但手下的部队早被抽调一空，能立即投入战斗的只有第234步兵旅，这是一支曾参加马耳他保卫战的精锐部队，但没有足够的运输船。威尔逊想方设法组成了一支特种空中防务团，由戴维·斯特林中校率领，对多德卡尼斯群岛进行冒险的空降作战，但无论是丘吉尔还是威尔逊，都低估了德军守住岛屿的决心和力量。

　　9月9日晚，由麦克·杰利科少校率领的一支分遣队降落到罗得岛上，企图迫使守岛的德意军队投降。英国人预料，突然出现的伞兵可能会激起意大利守军反抗人数比他们少很多的德军。然而，德军表现得十分顽强，而意军却屈从于他们的淫威。英军根本无法在岛上建立稳固的阵地，德国第10航空军的飞机从希腊的基地起飞，不停地袭扰英军阵地，最后杰利科不得不选择了撤退。

　　此后，德军大大加强了岛上的驻军（达6,000人），使罗得岛成为英军无法攻占的坚固堡垒。相对罗得岛来说，英军在其他岛屿的进展要顺利得多：英军小分队采取扫清外围、中心开花的方式，迅速占领了卡斯特洛里佐岛。9月底，海、空两路同时出动，运送3个营的部队分别占领了科斯岛、莱罗斯岛和萨摩斯岛。总的来说，意大利守军的态度非常友好，几乎没有进行像样的抵抗，但是这些驻军所夸耀的海

∧ 正在集结，准备发起进攻的英军部队。

岸和防空设施其实都很简陋，而英军手中的运输力量有限，重武器和车辆无法运到岛上，这就从根本上削弱了防御力量。

从战略上说，科斯岛是除罗得岛外最重要的岛屿，因为岛上有飞机场，一小队英国"喷火"式战斗机已转场到那里，并得到了24门"博福斯"式高射炮的保卫。9月22日，威尔逊策划对罗得岛实施新的进攻，他的最低要求是：除了动用第10印度步兵师和一部分装甲部队外，只要求海军护卫舰和炮火支援，3艘坦克登陆舰、几艘运输舰和1艘医疗船以及足以空运1个伞兵营的运输机。为得到这些，丘吉尔亲自出面向盟军总司令艾森豪威尔求助，他强调只要有能运输1个师兵力的登陆艇，并且有主要的空军力量给予几天的协助，罗得岛肯定会属于盟军。10月7日，丘吉尔致电罗斯福说明情况，但后者完全同意艾森豪威尔的意见，并解释说："我们在意大利的行动有望早日取得成功的进展，以便在罗马北面建立一条安全的战线。任何变动都会影响我们的预期。任何变动，如果在艾森豪威尔看来会危害意大利的形势安全，我都表示反对。德国人在地面部队和装甲师方面占明显优势，相比之下，我方处境的巩固和发展相当缓慢。"

对于罗斯福集中力量确保"霸王"行动的做法，丘吉尔却认为与夺取多德卡尼斯群岛并不矛盾，他相信在不损害"霸王"计划的前提下，把与"霸王"计划有关的500多艘登陆艇中的9艘推迟6个星期归还，并不会影响到1944年6月的主要作战行动，何况，距离执行"霸王"计划还有6个月的时间。因此10月8日，丘吉尔再次发出诚恳的呼吁，要求罗斯福重新考虑他的提议，但就在罗斯福有意应允的关键时刻，突然有情报显示说，希特勒决定增加在意大利的军队，以便在罗马南面进行决战，结果从"霸王"行动中抽出的力量被送往了意大利，这样丘吉尔再也不能为攻打罗得岛求援了。

莱罗斯岛陷落后，丘吉尔意识到英军在这一地区的力量无法应付德军的进攻，于是果断命令皇家海军从这一海域撤退，但这样一来，守卫多德卡尼斯群岛其余岛屿的英军就成了"瓮中之鳖"。11月18日，德军陆续夺占了利索岛、帕特莫斯岛、富尼岛和伊凯拉岛，俘获忠于巴多格里奥政府的意军310人。11月22日，德军俯冲轰炸机对萨摩斯岛进行了猛烈空袭，守军在弹尽援绝的情况下，向德军投降。11月23日，德军鱼雷艇和猎潜艇开进瓦锡湾，占领了岛屿，俘英军和意军2,500人。在这场争夺战中，皇家海军遭到了惨重损失，6艘驱逐舰和两艘潜艇被击沉，另有4艘巡洋舰和4艘驱逐舰受损。至此，一度被英军占领的多德卡尼斯群岛全部被德军夺回。

后来，丘吉尔在回忆录里也承认，这是从1942年的托布鲁克战役以来，英军遭受的第一次挫折。盟军本有机会以极小代价取胜，但内部分歧却使他们功败垂成。

No.6 被推迟的"铁砧"行动

1943年12月间，为了鼓动在意大利的盟军司令们采取更为大胆的军事行动，丘吉尔特意在地中海逗留了几星期，调整了英军将领的分配任务。他任命威尔逊接替艾森豪威尔担任地中海盟军最高司令官，总体执掌在意大利半岛的作战行动，不过其主要权力属于亚历山大将军的第15集团军群，同时委任蒙哥马利指挥"霸王"行动。丘吉尔专门主持召开了一次地中海地区高级司令官会议，商讨局势。会上一致同意，盟军在意大利决不能放弃主动权。丘吉尔主张，从海上进攻是达到这个目标的唯一方法。他在会上建议，在离德国前线约150公里的后方叫做安齐奥的地方，派两个师登陆，并规定1月20日为发动进攻的日期。在威尔逊和亚历山大的支持下，丘吉尔坚决声称，在德军后方造成这样的威胁，将迫使他们向罗马以北撤退。艾森豪威尔却

不那么有信心，他提出军需供应和增援方面的困难，并争论说，两师兵力或许不足以迫使德军从意大利南部的阵地上撤出。

然而，由于艾森豪威尔即将交卸地中海战区的指挥权，他认为自己的意见并不是决定性的。但是他坚决认为自己有权要求把"霸王"行动中使用的登陆艇在适当日期从地中海调出，以便在大进攻之前有充分时间在英国检修和训练。

于是，按照丘吉尔的要求，1月22日，威尔逊指挥盟军在安齐奥登陆。可是德军非但没有撤退，反而调来了援军。他们把登陆部队困在一个小滩头堡上，同时击退了第5军的进攻。按照原来的计划，第5军将突破德军防线并与在安齐奥登陆的部队会师。到1月底，意大利的英美联军显然又一次遭到了挫折。除非盟军决定从安齐奥撤出，否则就有必要加强守军的实力，并连续不断地通过开阔的海滩输送军需品。撤出安齐奥会给盟军心理上造成沉重的打击，但是为了守住滩头堡，威尔逊认为必须把登陆艇使用到答应拨给"霸王"行动使用的日期以后。

值得庆幸的是，由于诺曼底登陆日期从5月初推迟到5月底，于是登陆艇可以延迟离开地中海，因此威尔逊不能按照预定日期移交登陆艇一事并没有造成太大的困难。可是，关于在地中海应如何行动来支持"霸王"行动这个更重大的问题却引起英美战略家之间长久的争执。英国人主张放弃"铁砧"计划(这是在法国南部登陆的代号)；而美国恰恰相反，认为它是"霸王"行动的必要部分。

在2、3月间，英美一致认为，首先应当营救孤守在安齐奥滩头堡的军队。2月26日，威尔逊将军接到照此办理的指示，于是盟军很快又发动了一次攻击，希望冲破德军的防线，给困守在安齐奥滩头堡的部队解围，可是进攻又完全失败了。5月，盟军作最后一搏，向德军防线发动了第三次攻击。这次盟军的努力终于成功了。5月25日，进攻部队与安齐奥的守军会师。6月4日，盟军进入罗马。

可是，这次胜利又产生了新的情况。美国人认为，意大利战役的目的已经达到，那里10个师的兵力可以调去进行已被推迟的"铁砧"行动。但是英国人却希望继续指挥可以调动的一切部队，进一步扩大战果。6月14日，联合参谋长委员会指示威尔逊：把意大利战役继续进行下去，一直打到7月初，同时准备在比斯开湾沿岸、亚得里亚海西北端或里维埃拉进行两栖攻击。经过反复权衡，威尔逊选择了亚得里亚海，他希望加紧在意大利的地面战斗，并且利用联合参谋长委员会拨给他的登陆艇，在伊斯的利亚半岛登陆，以便通过卢布尔雅那山峡进入匈牙利平原。

然而事情并没有那么顺利。当马歇尔和艾森豪威尔两位将军获悉这个建议时，他们都作出了强烈的反应，认为这是英国人又想把政治目标放在军事目标之上。当时马歇尔正在英国，准备视察开始进攻诺曼底的情况，他特地到威尔逊的司令部去了一次，设法打消他的主意。由于支援部队正在美国等待开往法国参加战斗，需要开辟一个港口，因此马歇尔主张有必要发动"铁砧"行动。他还直率地表明，不论在什么情况下，美军决不进入巴尔干各国；只有进攻法国南部时，才派美国援军到地中海来。

这时，威尔逊发觉自己遭到了两面夹攻。两个月前，丘吉尔曾责备他未能按照英国战略家的愿望，借一些有说服力的理由取消"铁砧"计划。现在，马歇尔却以相反的理由逼着他同意这个计划。左右为难之下，威尔逊只得建议，就地中海而论，在伊斯的利亚半岛登陆最为适宜，但是关于全面战略，他不发表意见而让上级——联合参谋长委员会去作出判断。尽管丘吉尔费尽心机，美国人还是我行我素。7月1日，丘吉尔打电报给罗斯福，同意在法国南部登陆的计划。两天以后，威尔逊接到指令，要他从部下抽调10个师的兵力，准备投入这个代号改为"龙骑兵"的战役。8月15日，当美法军队最后在里维埃拉沿岸登陆时，丘吉尔在近处看着他们上岸。

1944年12月，威尔逊被晋升为陆军元帅。次年1月，他被派往华盛顿的英国联合军事参谋团担任团长。在此期间，威尔逊作为英方代表出席了雅尔塔会议和波茨坦会议。威尔逊担任这个职位直到1947年，他的表现令英国和美国都非常满意。为此，杜鲁门总统特别于1945年11月授予他优秀服务勋章。

威尔逊还有一个最为秘密的职务，那就是驻联合政策委员会中的英国军事代表。这个委员会主要是负责原子弹的研发、生产和试验的。威尔逊非常清楚，使用原子弹将会让日本本土的战争结束，这样会避免在日本本土造成持续的战争，从而避免无论是盟国还是日本民众的大量伤亡。

1946年1月，他获授利比亚和在萨福克郡斯图兰托弗特的威尔逊男爵。1955~1960年，他还担任了一段时间伦敦塔的治安官。

早在1914年，威尔逊便同赫丝特·威克汉姆结婚，婚后育有一子一女。他的儿子——帕特里克·梅兰特·威尔逊同样是名军人，并且在"二战"期间也同父亲一样在中东战场，不过作为情报官员。他的儿子特别出版了一本书，记录了父亲在"二战"中的轶事和重要事件。

威尔逊于1947年退出现役，从此过着平静的隐居生活。威尔逊一生从未富裕过，1964年12月31日，当这位久经战火的老人去世时，他的庄园只值2,952英镑。

Alan Francis Brooke

胜利背后的低调英雄

布鲁克

他是帝国总参谋长兼参谋长委员会主席，
他是"二战"期间英国首相丘吉尔的第一辅臣，
他长期扮演着英军协调者的角色，
他参与制订盟军重大战役计划，
他协调英美之间的战略方针。
他功不可没，却又默默无闻⋯⋯
他是阿兰·弗朗西斯·布鲁克。

No.1 炮兵少尉

布鲁克1883年出生在法国巴涅尔·德比戈尔市一个显赫的北爱尔兰家庭，家族中有着悠久的军事传统。他的父亲维克托·布鲁克是北爱尔兰弗马纳郡的第三代科尔·布鲁克从男爵，母亲艾丽斯·贝灵汉是劳斯郡的艾伦·贝灵汉从男爵的二女儿。布鲁克有兄弟姐妹9人，他排行第六。布鲁克小时候一直在法国上学，直到16岁才回到英国，因此，他的法语说得非常流利。

布鲁克后来进入伍利奇皇家军事学院就读，毕业后加入皇家炮兵团，成为一名少尉。"一战"时，他在法国的皇家炮兵服役。从那时起，布鲁克就以善于制订行动计划而著称。1916年的索姆河战役中，布鲁克首次引入了法国的"徐进弹幕射击"系统。这种系统能够有助于保护进攻的步兵免遭敌方火力的袭击，在战争中发挥了巨大的作用。战争结束时，战功赫赫的布鲁克已经是一名中校了，并且还获得了两枚优质服务勋章。"一战"的经历对于布鲁克来说，不仅仅是军衔的晋升，更重要的是使他获得了宝贵的实战经验，并且形成了自己的一套作战理念。

"一战"后，同不少表现优异的军官一样，作为炮兵专家的布鲁克先后在坎伯利参谋学院和帝国参谋学院当教官。在那里，布鲁克结识了大部分后来"二战"期间的英军主要将领，其中不能不提的就是大名鼎鼎的蒙哥马利。布鲁克和蒙哥马利私交甚好，而他们的结缘就是在坎伯利参谋学院。当时布鲁克已经是参谋学院的资深教官、研究室主任，而蒙哥马利只是一个初来乍到的小参谋，但这并未影响他们一见如故，惺惺相惜。布鲁克比蒙哥马利大3岁，一向自视甚高的蒙哥马利，为布鲁克敏锐的思维、深远的眼光所折服，而布鲁克也认为蒙

∧ 布鲁克与蒙哥马利。

哥马利见地不凡，能力全面，于是对他也多加提携。两个人的友谊并未随着参谋学院共事的结束而终结，相反一直延续了下去。无论布鲁克在法国担任蒙哥马利所在的那个军的军长期间还是后来布鲁克担任帝国总参谋长期间，蒙哥马利都把布鲁克看成自己可靠的保护人。可以说，布鲁克对于蒙哥马利最后成长为第二次世界大战中最杰出的将帅之一具有非凡的意义，也算是一名成功的"伯乐"了。

20世纪30年代中期，布鲁克先后担任了数个重要职务：1929~1932年任炮兵学校校长，1935年任炮兵总监，次年出任陆军部军事训练局局长。1938年，已经晋升为中将的布鲁克担任了防空军司令，与当时的战斗机司令部司令道丁将军建立了良好的关系。在后来进行的不列颠空战中，防空军与战斗航空兵部队进行了成功的合作，而布鲁克与道丁的良好关系无疑是此次合作成功的重要基础。1939年7月，布鲁克调任南方司令部司令。可以说，在"二战"爆发之前，布鲁克就已经成为了英军最重要的将领之一。

No.2 三色旗下的战争

第二次世界大战爆发后，英国派出远征军前往法国。陆军大臣霍尔·贝利沙不按规定办事，没有任命经验丰富的奥尔德肖特指挥部司令官迪尔将军为远征军总司令，而是选择了当时的帝国总参谋长戈特勋爵。布鲁克则负责指挥英国远征军第2集团军，下辖蒙哥马利的第3师。远征军的另一个军，即第1军由迪尔将军指挥。

作为集团军司令，布鲁克对于盟军击退德国人的进攻并不抱太大希望。首要原因就在于当时英军本身的战斗实力不足，部队缺乏实战演习经验，装备也不精良。野战军的通信系统不完善，缺少后勤支持，甚至连运输工具都得靠向民间企业征用。此外，他还对法军的素质和决心表示怀疑。更糟糕的是，布鲁克对远征军的指挥机构也不太信任，他一直认为任命戈特为远征军总司令是个错误。他认为戈特太注重细节，不具备更广阔的战略眼光。不过另一方面，戈特也认为布鲁克是个悲观主义者，没能为下属带来信心，甚至还考虑把他换掉。

但是，戈特自己显然也并非对英国远征军那么信心十足。据说，戈特在1939年冬得知德军有10个装甲师在西线准备攻击时说："如查明情况属实，那我们就一点机会都没有了。"对此，布鲁克则认为，如果部队经过良好训练并善于使用灵机应变的防御手段，是可以阻挡住坦克的进攻的。另外，如果再派得力的指挥官运用巧妙的战术，将德军诱入不利地形，使其陷入持久战的话，那么无论在物资上和政治上都会对德军不利，那时盟军便获得了反击的机会。

1939年~1940年的冬天，英国远征军的任务主要是训练和自卫，修建反坦克障碍、掩体、战壕和铁丝网。英国陆军部长在同布鲁克谈话时，自以为是地认为"德军不大可能在今年向西线发动进攻"。但布鲁克却认为，必须时刻提防希特勒的坦克部队的进攻。他和迪尔曾试图提醒戈特注意局势的严重性，但戈特却不以为意。实际上早在1940年初，希特勒就给德国陆军总司令下达指令，要求在11月12日开始入侵低地国家(即荷兰、比利时和卢森堡)的黄色战役。不过那年冬天天气恶劣，希特勒不得不再三推迟进攻日期。到1941年1月10日，希特勒又下达了于1月17日发动进攻的命令。但由于盟军事前在比利时偶然俘获了一架迫降的德国飞机，发现了有关黄色战役的全部材料，才迫使希特勒不得不搁置起入侵计划。

德军推迟进攻，正好使得盟军在西线有了从事战争准备的时间和机会。但从1939年在法国登陆的那天起，直到1940年5月积极行动开始，戈特的远征军司令部从未举行过行政、通讯、情报、远征等演习，甚至也没有进行过沙盘模拟演习，理由是服从无线电静默的需要，不便举行。实际上，这只是个借口，因为室内沙盘模拟演习根本与无线电静默没有任何关系。结果，英国远征军没有形成共同的对敌政策和战术原则，并且出现意见分歧后，又长期得不到解决。

与戈特相比，布鲁克却更具真正的大将风度，他能从大处着眼看问题，全面衡量，遇事坚定果断。他以敏锐的眼光预见到数月之内，英国远征军必将陷入险境。这期间，他在日记中这样写道："我觉得我们不可能守住我们花了那么多心思和精力部署起来的战线。我们怎能不被拖到比利时去呢？"

布鲁克知道蒙哥马利是一位优秀的训练者和组织者，他相信自己没有看错人，于是放手让蒙哥马利去组织各种演习和训练，从而使蒙哥马利的第3师成为英国远征军中最训练有素的机动师。蒙哥马利也非常感谢布鲁克的信任，并在数十年后依然对他非常尊敬，他在《蒙哥马利元帅回忆录》中谈到布鲁克时说："我们在参谋学院一起教过书，我很了解他。不仅当时，现在仍然是非常喜欢他，对他极为赞赏和尊敬。我认为他是多年来从未有过的最优秀的军人。对于无关紧要的事，我从不麻烦他。在我的记忆中，即使是在最险恶的作战形势之下，我也从不对他下达的命令提出任何疑问，因为他下达的命令和指示都是十分明确的，不需要再提什么问题了。他对我很器重，总让我放手执行他的命令。在战争结束之前，有好几次他使我避免了麻烦。别人要打倒我的时候，他总是支持我。有时他也会发脾气，我也挨过他的训，但我认为他对我的任何指责无疑都是应该的。"这样的话由心高气傲的蒙哥马利说出来，充分显示了布鲁克甘当良师益友的品质。

1940年5月10日，英国首相张伯伦被迫辞职，由丘吉尔继任首相。丘吉尔的上台改变了英国的政局，也可以说改变了整个第二次世界大战的走向，英国开始由消极绥靖转变为积极抗德。

这时的法国战场上，当德军的进攻开始后，布鲁克也开始展现出他的指挥才能，尤其是在敦刻尔克的撤退。5月底，扼守着鲁贝–阿吕安–伊佩里–科明运河一线的布鲁克的第2集团军与德军主力遭遇。由于比利时军队的垮台，布鲁克很快发现自己的左侧翼与法国的重机械化师之间被劈开了一个缺口。如果这条战线被突破，其后果无疑是灾难性的。情况万分危急，布鲁克果断地将蒙哥马利的第3师从集团军右翼调去堵住缺口。这次紧急兵力调动在一夜之间就圆满完成了，蒙哥马利先前的练兵在紧急关头发挥了作用。随后，布鲁克又派更多的兵力北进，以对抗德军的威胁，因为当时盟军正在从敦刻尔克撤退。5月29日，第2集团军撤到敦刻尔克，这时布鲁克也奉命返回英国。不过临走前，他把集团军的指挥权交给了蒙哥马利。布鲁克这样写道："以我对蒙哥马利的了解，我毫不犹豫地选择他来接替我。"

∨ 1940年，正在听取蒙哥马利等人汇报的布鲁克（中）。

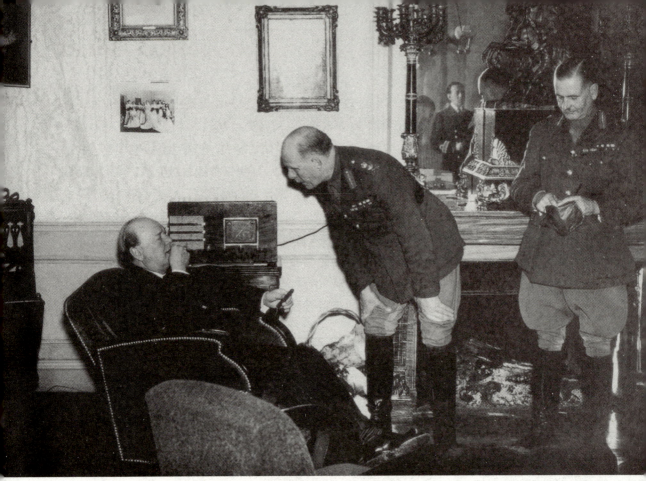

∧ 1940年，帝国参谋总长迪尔（中）正在向英国首相丘吉尔进行汇报。

　　虽然英国远征军成功地撤回了本土，但是在英国，人们还不知道某种不可挽回的事情已经发生了。当布鲁克于6月2日去陆军部晋见新任帝国总参谋长迪尔爵士，并问后者需要他做些什么时，得到的指示是："回法国去，组织一支新的英国远征军。"布鲁克写道："当我回顾这场战争的时候，这肯定是我所经历的最黑暗的时刻。"根据自己的亲身观察和体验，布鲁克明白，法军已经失败了，这样做只会把他匆匆组建的任何部队拖进深渊。然而军令如山。布鲁克的新队伍包括两个苏格兰本土师，即第51高地师和第52低地师，以及唯一的装甲师的残余部队、加拿大第1师和其他零散部队。布鲁克要求得到他的得力部下第3师，迪尔一开始表示反对，但布鲁克一再坚持，迪尔只得妥协。待第3师重新装备后，即重渡海峡返回法国。重返法国的布鲁克很快便意识到，局势紧迫，英军再也无法支持下去了，于是他首次与新任首相丘吉尔进行了沟通。他坚持称所有的英国远征军都必须撤出法国，丘吉尔最开始表示反对，但随即被布鲁克说服了。于是，大约20万英军和盟军部队从法国西北部港口成功地撤离了。

　　回国后，布鲁克继续担任南方司令部司令，但仅仅就职了很短一段时间。1940

年7月，他被任命为国内武装力量总司令，负责为可能的入侵做准备。一旦德国入侵英国，那便将由布鲁克指挥地面作战了。他的前任艾思赛德将军倾向于守株待兔，仅在海岸布置防御。布鲁克却认为应当建立一支机动性的预备队，以便在敌军还未做好准备时就迅速发动反击；同时，沿海岸线部署小规模的防御兵力，以确保尽可能地拖延敌军登陆的时间。战后，布鲁克承认，他甚至已准备好在海岸线喷撒芥子气。

　　布鲁克坚信，三军缺乏统一的指挥对于国家防御来说是致命的威胁。除此之外，当时英国可以投入使用的兵力根本达不到他认为需要的数量。不过，尽管如此，布鲁克仍然认为即使德国入侵，英国面临的形势也远到不了"无可救药"的地步。战后，他这样写道："我们当然需要拼死一战，未来也许会有点渺茫，但我的确认为，机会是均等的，我们保护好这些海岸，当然就会获胜。"

No.3　建功在幕后

　　1941年12月，布鲁克接替约翰·迪尔爵士担任帝国总参谋长，不久后，他还担任了参谋长委员会主席一职。直到1946年他退出现役，才从这两个重要职位上退下来。于是，在"二战"剩下的日子里，布鲁克成为丘吉尔首相、英国战时内阁以及英国的盟友们最重要的军事顾问。作为帝国总参谋长，布鲁克是军界首领。而参谋长委员会主席这个角色，布鲁克无疑更需要凭借智力和个性来掌控了。当然，这个职位也使得他成为英国整个战争期间总体战略的军方决策者。1942年，布鲁克加入了盟军的最高决策机构——英美参谋长联合委员会。

　　起初，布鲁克关注的重点放在欧洲战场。在那里，他的首要问题就是在北非摆脱轴心国的军队，并将意大利驱逐出战争舞台，从而为盟军海上运输打通地中海的通道。接下来，当盟军准备好以后，就可以跨越英吉利海峡发动进攻，这样德军就会完全被打垮。然而，布鲁克和英国人关于地中海行动的看法与美国希望尽早入侵西欧的意见相左，这就导致在参谋长联合委员会上发生了多次激烈的争论。

　　在结盟的最初几年，通常是按照英国人的想法行事。在1943年1月举行的卡萨布兰卡首脑会议上决定，盟军将在美国人艾森豪威尔将军的指挥下进攻西西里。事实上，西西里岛战役正是英、美两国政治争论和妥协的结果。当时在两国首脑会谈之前，英美两国的军方领导首先举行了讨论，英方主张在北非战事结束后，应在西西里岛、撒丁岛或希腊、意大利亚平宁半岛登陆，在南欧开辟对德作战的战场，牵制削弱德军，并迫使意大利退出战争，还可将土耳其拉入反法西斯阵营；当然英国还有一个目的，那就是借助美国的力量，恢复其在东南欧的传统势力范围。对此主张，美国表示了强烈反对，美国认为应集中力量，直接在法国北部开辟第二战场，而在南欧的作战将势必影响在法国北部的登陆计划，那将使苏军面临巨大压力，甚至可能遭到失败。美国更担心盟军主力进入与美国利益无关却与英国利益密切相关的地区，被英国拖入欧洲国家间的复杂纠纷之中，也就是所谓"天真的美国人被狡猾的英国人所利用"。

就在双方争议不下时，布鲁克站了出来，他胸有成竹地侃侃而谈：德国目前无须从苏德战场抽调兵力，就可在法国北部集结至少44个师，而盟国还没有能够拥有对抗这44个师的兵力和登陆舰艇，而从"一战"的加利波利和1942年8月第厄普两次登陆战的教训，充分说明登陆作战的艰巨性，盟军在各方面根本没有做好在法国北部实施登陆的准备，但也不应该在1943年无所作为，最佳的方案就是以现有的兵力采取有限的作战，分散、牵制和削弱德军，支援苏军的作战，同时为在法国北部登陆做好准备。而地中海地区则是实施这一方案的最理想地区，因为盟军已在地中海战区集结了强大的兵力，掌握了该地区的制空权和制海权，可以在地中海北部沿岸地区任意选择登陆地点，从希腊到法国南部的地中海沿岸，是轴心国极其敏感却又脆弱的地区，加之意大利由于阿尔卑斯山脉的天然阻碍，交通不便，在两周时间里只能向意大利运送1个师，而中欧和西欧交通便利，在同一时间里可运送7个师！因此在地中海地区实施登陆的成功可能性要比在法国北部大得多，一旦登陆成功，还有迫使意大利退出战争，促使土耳其加入盟国一方的可能，可谓一举多得。

布鲁克的这一番发言实在太精彩了，连美国海军作战部长金海军上将和陆军航空兵司令阿诺德上将两位重量级的人物都转向同意英国的方案，于是美国参谋长联席会议主席马歇尔上将只得同意1943年先进攻西西里岛，但他担心如果继续进攻意大利亚平宁半岛将会影响在法国北部的登陆，因此要求进攻只限于西西里岛；英国也做出了让步，同意只在西西里岛登陆。于是，1943年1月23日，英美参谋长联合委员会向美国总统罗斯福和英国首相丘吉尔递交了《1943年作战方针》，明确规定肃清北非的轴心国军队之后，攻取西西里岛。

然而，随着美国的实力日益增强，布鲁克和他的参谋们的日子也越来越不好过，因为要想对盟军的重大战略施加影响是越来越难了。1943年5月，关于"霸王行动"实施的确切日期盟军内部一直在进行着激烈的争论。代表英方的布鲁克认为应当坚持灵活的战略。然而到了1944年的晚些时候，当7个美军师从意大利调往参加法国南部的登陆行动时，布鲁克的意见被彻底否决了。而实际上，布鲁克和英军一直对"霸王行动"持怀疑态度。

在一场重要的战争中，帝国参谋长的职位显然要比战场指挥官的角色得到的荣誉要少得多。但参谋长负责挑选合适的指挥官登上战争舞台，并且还决定他们应当指挥

∧ 开罗会议期间，与苏军伏罗希洛夫元帅交谈的布鲁克。

哪些人和哪些物资。每当要挑选合适的指挥官时，布鲁克总是抱怨说，许多能够成为优秀将领的人都在"一战"中牺牲了。这的确是英军在战争的初始阶段面临重重困难的原因之一，不过，他似乎没有意识到德国人也面临着同样的问题。

1942年，当决定由谁来接替第8集团军司令奥金莱克将军的职位时，布鲁克再次将橄榄枝抛给了他一向青睐有加的蒙哥马利，而不是丘吉尔首相推荐的戈特中将。不过这个问题意外顺利地解决了，因为后来戈特将军搭乘的飞机失事，戈特将军也不幸遇难。于是,蒙哥马利毫无争议地当上了第8集团军的指挥官。1942年初,布鲁克自己也被要求出任中东英军总司令一职,不过他谢绝了。他相信自己要比其他任何将军都更知道如何与首相丘吉尔相处。

一年后,战争形势出现了逆转,布鲁克认为自己不再有必要留在丘吉尔身边出谋划策了,因此他很希望能够亲自指挥盟军进攻西欧。布鲁克想当然地以为丘吉尔已经再三向他许诺过由他出任该职,但在1943年8月召开的第一次魁北克会议上,仍决定由美国人艾森豪威尔担任盟军总司令。布鲁克自然感到非常失望,他没有机会亲自指挥战斗了。

No.4 丘吉尔的诤友

在担当帝国总参谋长期间,布鲁克与丘吉尔首相的关系非常糟糕。对于丘吉尔的习惯和工作方式,以及他滥用将领,经常乱管闲事、干预战略决策的做法让布鲁克倍感受挫。但同时,对于丘吉尔鼓舞盟军士气的方法,以及承受战时领导人所担负的巨大压力的方式却也令布鲁克非常钦佩。他曾将丘吉尔描述为"一个天才却令人惊讶地缺乏眼光——他是我遇到过的最难共事的人,但却是我最不应该错过与之共事的人"。当丘吉尔关于战略的许多奇思怪想与合理的战略方针发生冲突时,在参谋长委员会上,只有布鲁克一人能够站出来提出异议。提到布鲁克,丘吉尔是这样说的:"当我猛敲桌子瞪着他,他怎么做?他把桌子敲得比我还响,狠狠地回瞪我。我了解这种顽固的阿尔斯特人,没有什么人比这种人更难搞定了。"

布鲁克最常抱怨的一件事就是丘吉尔总是提倡四处调动兵力,而他自己却认为应当集中兵力。但在有些时候,布鲁克确实没有丘吉尔那样具备政治方面的战略眼光。比如,对于1944底英军入侵希腊的决定,布鲁克就曾持怀疑态度,他认为这次行动会耗尽从德国前线撤回的英军。但事实上这次战役是获胜了。

1943年10月时,当海军上将坎宁安接替庞德司令担任第一海军军务大臣后,参谋长委员会中的平衡便被打破了。有了坎宁安的鼎力支持,布鲁克与丘吉尔发生争辩时便多了一位牢固的盟友。比如关于在太平洋战争的最后阶段英军的准备情况,丘吉尔与参谋长委员会发生了最严重的分歧。布鲁克、坎宁安和其他人都希望在澳大利亚建立起军事基地,而丘吉尔却坚持要把印度作为英军的基地。不过最终双方还是达成了妥协。

尽管布鲁克和丘吉尔之间有着许多不一致意见,但却并没有影响他们之间的友情。有一次,当与布鲁克发生了激烈的争吵之后,丘吉尔告诉伊斯梅将军,他认为自己

无法再和布鲁克继续共事了，因为"他恨我，我可以从他的眼中看到仇恨"。布鲁克却是这样回答伊斯梅的："恨他？我不恨他。我喜欢他。不过一旦我违背本意告诉他我赞同他的意见，那就会是我该离开的时候了，因为那时我对他就再也没有用处了。"当这些话转达给丘吉尔后，丘吉尔只是喃喃地低语"亲爱的布鲁克"。的确，可以说，丘吉尔的明智，其中的一个重要表现就是他任命布鲁克担任帝国参谋长，并且在整个"二战"期间一直没有换。布鲁克与丘吉尔堪称一对黄金组合：丘吉尔的领导能力与布鲁克制订计划并确保丘吉尔和美国人能坚持执行的能力相结合，为盟军最终于1945年取得最后的胜利打下了坚实的基础。

No.5 布鲁克和他的日记

在整个"二战"期间，布鲁克一直坚持写日记。不过最初的想法是为他的妻子本尼特写的，但后来20世纪50年代时被布鲁克公开了。日记包括了英国在战争期间每天的进展情况（甚至包括许多机密内容），布鲁克对于作战方案的想法，以及布鲁克和盟军领导人在战争期间召开的会议上的许多轶事。

这部日记之所以出名，主要是因为里面记载有不少对丘吉尔的评论和批评。尽管日记里也记录了对丘吉尔的称赞，但更多时候还是作为布鲁克与首相共事时的出气筒。此外，日记还对盟军最高领导层中的几个大人物进行了评述。比如，美国的艾森豪威尔和马歇尔是拙劣的战略家，英国的陆军元帅亚历山大则是缺乏才智的。少数几个布鲁克的评价还比较高的有美国的麦克阿瑟将军，英国的陆军元帅迪尔，还有苏联的斯大林元帅。布鲁克称赞斯大林的思维敏捷，能够很快想出战术方案。

这部日记由历史学家亚瑟·布赖恩特编辑，于1957年首次出版。最初根本没打算出版这部日记，布鲁克改变主意的原因之一就是丘吉尔在自己的战争回忆录中把本来属于他和参谋长委员会的想法和创意说成是丘吉尔自己的了。尽管受到了严格的审查，这部日记的出版还是引起了很大的争议，不仅因为它包括对丘吉尔和其他人的评论，而且还使得布鲁克成为盟军胜利背后的功臣。不过丘吉尔对这部日记的评价不高。2001年，"战争日志"未删节版得以正式出版，再次引起了人们对布鲁克这位"二战"期间最具影响力的战略家的广泛关注。

"二战"结束后，布鲁克从军中退役。尽管他完全可以选择任何一个他想要的荣誉职位，但布鲁克仍然选择了荣誉炮兵团的团长一职，并从1946年一直担任至1954年。此外，布鲁克还担任贝尔法斯特女王大学的名誉校长，一直到他去世。在1953年伊丽莎白二世女王的加冕典礼上，布鲁克被任命为王室内务总管，负责指挥所有参加这一盛典的队伍，这是极高的荣誉。1994年，在伦敦国防部的大楼前竖立起一座布鲁克的雕像，雕像两侧则立着"二战"期间英国的另两位著名将领：斯利姆和蒙哥马利。

布鲁克一生结过两次婚。他的第一任妻子是他在北爱尔兰弗马纳郡的邻居，叫简·理查森。他们于1914年结婚，不过蜜月仅过了6天，布鲁克就被征招，参加了"一战"。婚后他们育有一子一女。1925年，简在一场车祸中不幸去世，而当时的驾驶者正是布鲁克本人。简的去世对布鲁克是一个沉重的打击。不过后来他又遇到了哈罗德·帕丽爵士的女儿——本尼特。1929年，布鲁克同本尼特结婚了。这次婚姻对于疼爱妻子的布鲁克来说非常幸福。他们也育有一子一女。战争期间，夫妻俩住在汉普郡的乡村。战后，布鲁克的经济状况窘迫，不得不搬到他们家以前的园丁的村舍去居住，并且在那里度过余生。

布鲁克热爱大自然，尤其对打猎和钓鱼很感兴趣。然而，他最喜欢的还是鸟类。布鲁克是个著名的鸟类学者，尤其精通鸟类摄影。1950年~1954年，他担任伦敦动物协会的主席，同时还是皇家鸟类保护协会的副主席。

1963年6月17日，布鲁克心脏病发作，在家中平静地去世。在他去世的当天，他本应出席在温莎堡的圣乔治教堂为他举行的授勋仪式。

参考文献

[1] [英]利特尔·哈特. [M]第二次世界大战史. 上海：人民出版社, 2009.

[2] 朱贵生. [M]第二次世界大战史. 北京：人民出版社, 2005.

[3] [英]丘吉尔. [M]第二次世界大战回忆录. 吉林：时代文艺出版社, 1995.

[4] 王振德. [M]第二次世界大战中的中国战场. 北京：社会科学文献出版社, 1991.

[5] 中国军事百科全书编审委员会. [M]中国军事百科全书：军事历史. 北京：军事科学出版社, 1997.

[6] [美]艾森豪威尔. [M]远征欧陆—第二次世界大战回忆录. 上海：三联书店, 1975.

[7] [英]约翰·科斯特洛. [M]太平洋战争 (1941-1945). 北京：东方出版社, 1985.

[8] 王书君. [M]太平洋海空战. 北京：海洋出版社, 1987.

[9] [美]卡梅尔·惠特尼. [M]麦克阿瑟. 北京：京华出版社, 2008.

[10] 温致强. [M]麦克阿瑟. 沈阳：辽海出版社, 1998.

[11] [美]E·B·波特. [M]尼米兹. 北京：解放军出版社, 1987.

[12] [日]加藤正秀. [M]山本五十六. 北京：京华出版社, 2008.

[13] 赵家业. [M]陈纳德. 沈阳：辽海出版社, 1998.

[14] 舒绍平. [M]飞虎将军：陈纳德. 北京：中国文史出版社, 2006.

[15] [美]斯蒂芬·安布罗斯. [M]艾森豪威尔. 北京：中国社会科学出版社, 1992.

[16] 李言. [M]二战将帅：罗斯福. 北京：中国长安出版社, 2003.

[17] 李浩. [M]马歇尔. 沈阳：辽海出版社, 1998.

[18] [美]拉迪拉斯·法拉格. [M]巴顿. 北京：京华出版社, 2008.

[19] 彭训厚. [M]巴顿. 沈阳：辽海出版社, 1998.

[20] 王永生. [M]二战16大名将征战密档全公开. 北京：京华出版社, 2005.

[21] 祁长松. [M]美国名将全传. 北京：中国社会科学出版社, 2006.

[22] 潘学基. [M]西线：盟军进攻与德军反击 (1944-1945). 湖北：武汉大学出版社, 2008.

[23] 袁道之. [M]名将史迪威. 宁夏：宁夏人民出版社, 2007.